矢澤美香子 Yazawa Mikako

社会人のためのキャリア・デザイン入門

Ψ
金剛出版

はじめに

近年、社会経験を経てから〝もう一度学びたい〟と考える社会人が増加しています。その背景には、変化著しい現代社会の中を生き、不透明な先行きに目を向ける中で、〝どのように働き、どのように生きるか〟という問いに社会人の関心が高まっていることがあるのではないでしょうか。

本書は、学び直しを考えている社会人や現在学び直している社会人学生、あるいは社会人学生を終えて新たな一歩を踏み出している方々を主な読者として想定していますが、学ぶことに興味がある人、キャリアに関心を持つ人など、広く自分自身の実生活に合わせて読んでいただきたいと考えています。最近では、カルチャーセンターや民間機関のセミナー、資格取得のためのスクール、インターネットによる通信教育など社会人の学びの場や手段は多様化しています。その中でも、本書は主に〝大学や大学院で学ぶ社会人〟に焦点をあてています。学士や修士という学位を取得するカリキュラムで学ぶ学生が最も近い対象といえるでしょう。また、本書で筆者が述べる社会人とは、主に〝社会の中で多様な役割を担っている人〟を意味します。

必ずしも特定の職業に就き収入を得て働いている人を社会人と述べているわけではありません し、働くこと＝ワークには、有償労働も無償労働も含めてとらえています。よって、本書の「社会人学生」は、これらの条件を組み合わせて呼称するものです。昨今、生涯学習社会の実現に向けて、大学教育機関に社会人を受け入れるためのさまざまな施策がとられており、多くの大学において社会人学生が学びやすい環境や制度の整備も進められています。大学や大学院での学び直しは今後より一層、身近なものになっていくといえるでしょう。

筆者が勤務する大学通信教育課程においても、全国各地から多くの社会人学生が学んでいます。インターネットを通じたeラーニングであるため、海外に住みながら学ぶ学生もいます。しかし、日々社会人学生と接する中で、就労しながら学ぶことや子育て、介護などと両立させて自律的に学んでいくことは、決して容易なことではないと感じます。最近では、ワーク・ライフ・バランスへの関心が高まっていますが、多くの社会人学生は、このバランスにおける葛藤に悩んでいます。特に、社会人学生にとってこの問題の難しいところは、学び＝ラーニングが、ワークにもライフにも位置づけ難い、特有の領域であるということです。たとえ仕事に関わることを学んでいても、それは多くの社会人学生にとって就労ではありません。自発的に入学し、仕事領域、生活領域を削りながら自ら学費と時間を捻出し、気力、体力をやりくりしながら学びに取り組んでいます。一方で、このワーク・ライフ・ラーニングという領域を生き生きと、しなやかに、そしてパワフルにこなしている社会人学生が多いことも事実です。そうした学生は、この三領域で得たものを好循環させながら、柔軟かつ主体的にキャリアを重ねていくのです。その生き方にこそ、社会人学生のキャリア・デザインのヒントが隠されていると思います。

そこで、本書では学ぶことに関心のある社会人が、キャリアに関する学術的な理論や基礎知識を身に付けながら、自らの生き方、働き方を振り返り、自らのこれからの〝キャリア・デザイン〟について考えてみることを目的としています。

本書は全部で九章から構成されています。まず、キャリアの定義を概観するとともにキャリアとアイデンティティとのつながりについて考え、社会人学生におけるキャリア・デザインとはどのようなものかを問題提起しています（第1章）。次に、生涯学習や成人の学びに関わる知識、理論を概観し（第2章）、社会人学生の学びの動向や実態、問題に迫ります（第3章）。続いて、キャリア発達やキャリア・サイクルの主要な理論を概観し、自らのキャリア・デザインに活かせる基礎知識を得ます（第4章、第5章）。さらに、女性のキャリア形成やダイバーシティ（多様性）にかんする諸問題に触れ（第6章）、社会人としての学びを深める中での適性や専門性との向き合い方を考えます（第7章）。これらを踏まえて、最終的に、ワーク・ライフ・ラーニングという三領域を軸にした社会人学生のキャリア・デザインのありかたについて考えていきます（第8章、第9章）。各章の最後には、章の内容に関連したワークが用意されています。ワークを行うことによって、章の復習に役立てるとともに、自分自身のキャリア・デザインの手がかりをつかんでいただければ幸いです。

社会人としての日々は忙しく、自分の人生や自分自身について振り返る機会というのは決して多くはないでしょう。しかし、これまで想定外の出来事や転機、さまざまな人との出会いがあって、その都度自らの進む道を選び歩んできたのだと思います。自分の経歴である事実としてのキャリア（外的キャリア）を変えることはできませんが、そのキャリアに対するとらえ方、受け止め方（内的キャリア）を変えることは今の自分次第で可能です。そして、これからどのようなキャリアをどのように形成していくかを決めるのも自分自身です。社会人としての経験と自分の持つ強みを糧にして、そこに「学び」のキャリアを加えることにより、これからのキャリアをデザインしてみませんか。

目次

第4章　キャリア理論へのアプローチ……107

第9章 社会人学生としての学びを活かすキャリア・デザイン …… 229

社会人のためのキャリア・デザイン入門

第1章 キャリアとアイデンティティ

1――キャリアとは何か

(1)キャリアの定義

「キャリア」は、英語では〝career〟と表される。辞書的な意味としては、①a経歴、生涯、b身を立てる道、職業、出世、c専門的訓練をうけた、生涯の仕事としての職業にある、②a速い〔激しい〕前進（運動）、疾走、驀進、があげられている（リーダーズ英和辞典、一九九九）。一般的なイメージの①の意味に加え、②のように前進や走ることの意味を含むことを意外に思われるかもしれない。ただ、このcareerの語の起源はラテン語の〝currus〟であるとされる。「古典ラテン語辞典」（國原、二〇〇五）によればcurrusは、①（戦場・競技場の）二輪車、戦車、競走、馬車、凱旋車、荷馬車　②凱旋、船……とある。関連語であるcurroには、①走る、急ぐ、急いでいく、駆ける、進む、②駆ける、飛ぶ、流れる、帆走する、過ぎ去るという意味があり、curriculumには、①走ること、②走路、道程、③天体の運行（自転）、④競争、（競技）場、競馬場、⑤活躍の分野（領域）、人生の行路、生涯……といった意味がある。また、cursusという関連語は、①走ること、競争、疾走……、②走路、進路、行路……、③方向、道筋、生涯の経路、履歴、経過、といった意味を持つ。

したがって、「キャリア」という語は、職業や経歴、履歴、進路といった意味を持つだけではなく、方向性や道筋、生涯にわたる生き方や職業といった広く多義的な語であるとともに、〝前に進む〟というような動的な意味合いも含まれていることがわかる。

日本語の「キャリア」について、広辞苑第6版（新村、二〇〇八）では、〝①（職業・

生涯）の経歴、②専門的技能を要する職業についていること、③国家公務員試験Ｉ種（上級甲）合格者で本庁に採用されている者の俗称〟と定義されている。③については、「キャリア組」と呼ばれたり、〝熟練した知識や技術をもち第一線で働いている女性〟を「キャリア・ウーマン」と呼称されているのはよく知られているところであるが、「キャリア」に〝エリート〟のような意味が内包されている。

厚生労働省（二〇〇二）においては、次のようにキャリアが定義されている。〝「キャリア」とは、一般に「経歴」、「経験」、「発展」さらには、「関連した職務の連鎖」等と表現され、時間的持続性ないし継続性を持った概念としてとらえられる。「職業能力」との関連で考えると、「職業能力」は「キャリア」を積んだ結果として蓄積されたものであるのに対し、「キャリア」は職業経験を通して、「職業能力」を蓄積していく過程の概念であるとも言える。「キャリア形成」とは、このような「キャリア」の概念を前提として、個人が職業能力を作り上げていくこと、すなわち、「関連した職務経験の連鎖を通して職業能力を形成していくこと」ととらえることが適当と考えられる。

また、こうした「キャリア形成」のプロセスを、個人の側から観ると、動機、価値観、能力を自ら問いながら、職業を通して自己実現を図っていくプロセスとして考えられる（厚生労働省、二〇〇二）。

研究者による定義においても、職業に限らず、人生そのものをキャリアの中に位置づけたものが多くみられる。

たとえば、スーパー（Super, 1980）は、職業のみならず人が生涯においてさまざまな役割をもち、その個人と環境との相互作用による関係に着目し、キャリアを〝一生の間で個人が演じる役割の結合と連続である〞と表現している。

また、ホール（Hall, 1976）は、地位・出世、専門職業、職業経験、役割経験という四つの分類からキャリアを定義している（表1-1）。

金井壽宏（二〇〇二）は、キャリアを端的には〝長い目で見た仕事生活のパターン〞と表現するが、より詳細には、〝キャリア＝成人になってフルタイムで働き始めて以降、生活ないし人生（life）全体を基盤にして繰り広げられる長期的な（通常は何十年にも及ぶ）仕事生活における具体的な職務・職種・職能での諸経験と、（大きな）節目での選択が生み出していく回顧的意味づけ（とりわけ、一見すると連続性が低い経験の間の意味づけや統合）と、将来構想・展望のパターン〟と定義している。またキャリアを馬車が長い道のりを旅する様子のメタファーを使って次のように表現している。

〝馬車で長い旅をしている間にいろんな出会いもあるだろう。出会ったひとが、あの街がおもしろいよとアドバイスしてくれることもあれば、水先案内人をしてくれることもあった。道がわるくてゆっくり走らざるを得ないこともあれば、馬車が足踏みするようなこともあるだろう。水先案内人がいてもいなくても、最終的にはどちらに行くかを自分で

表 1-1　Hall によるキャリア定義の整理（Hall, 1976 より益田, 2011 が作成）

キーワード	定義の類型	説明
地位・出世	昇進・昇格の累積としてのキャリア	組織階層の中でのタテの昇進や昇格を繰り返し、次第に高い地位を得ていく一連のプロセスをさす。
専門職業	専門職業としてのキャリア	法律家や医師、学者、牧師など高度な専門職に従事する人びとをさす。
職業経験	生涯を通した一連の仕事としてのキャリア	ある人の生涯を通じた一連の職業経験としてのキャリアをさす。この意味づけからは、何らかの仕事の経験を持った人はすべてその固有のキャリアをもつことになる。
役割経験	生涯を通じたさまざまな役割経験としてのキャリア	生涯を通じたさまざまな役割経験としてのキャリア。この意味づけからは、職業経験の有無にかかわらず、すべての人は固有のキャリアをもつことになる。

選ばなければならないことに変わりはない。岐路にさしかかっていると気づかずに太い道をそのまま進み続けた場合にも、また、なんらかの理由により意識的に選んだという気持ちが希薄であった場合にも、岐路を越えるときには道の選択をたどっている。

こんな風にして進んでくる馬車の辿ってきた道程を示す轍がキャリアにたとえられる。その馬車の御者こそ、キャリアを歩むひとのたとえにほかならない（金井壽宏、二〇〇二）〟。

このように〝キャリア〟という語は多様に表現されているが、大枠のとらえ方として、狭義のキャリアと広義のキャリア（宮城、二〇〇二）に分けられる。前者は、職業、職務、職位、履歴、経歴といった職業生活と密接に関係するキャリアのことである。後者は、生涯、人生、生き方やその表現の仕方、さらにはそこで担うさまざまな人生上の役割全般を含めた概念である。これらはキャリアの語源からもみてとれる。

そもそもキャリア自体には高いも低いもないのである。キャリアは、馬車の轍のように人が職業や人生を通して歩んだ軌跡そのもののことであるという理解が、まずは重要である。

(2) キャリアの共通要素

キャリアは多様に定義されているが、それらには共通性もみられる。たとえば、渡辺（二〇〇七）は、さまざまなキャリアの定義を分析した結果、キャリアには「人と環境の相互作用の結果」「時間的流れ」「空間的広がり」「個別性」の意味が共通して内包されていると結論づけ、以下のように説明している。

①人と環境の相互作用

キャリアの定義において、キャリア＝職業（occupation）、職務（job）ではないことが共通している。キャリアは職業や職務への「個人の働きかけ（work）」に焦点をあてたものであるといえる。職業や職務もそれ以外の活動（たとえば、家事や学業、市民としての活動など）もともに個人の行動であり、これらは個人の生活環境を構成している要素としてとらえられる。キャリアの多くの定義で「役割」や「具体的な仕事（work）」という表現が用いられているのは、個人と環境との相互作用をより的確に表すことができるからである。キャリアの具体的な意味が時代によって異なるのは、キャリアが個人と環境（時代）との相互関係の結果であることによる。

②時間的流れ

キャリアという言葉が一般的に用いられるときに職業経歴という日本語があてられていることからも明白であるように、キャリアは一時点での出来事や行為、現象を指す言葉ではなく、必ず「時間的流れ」「時の経過」が内包されている。よって、「いま」という一時点は過去、未来という時間軸の中の通過時点という側面からとらえることができる。いま経験していることを、過去と未来という時間の流れの中での経験として理解するという意味である。一見異なるように思える「ライフスタイル」という表現も実は時間的に長期にわたる経験、生き様の積み重ねといえると述べている。

③空間的広がり

個人の行動は、具体的な空間（環境や場）を舞台として繰り広げられる。空間自体が相互に影響しあいながら、新たな空間として広がっていき、個人の行動や役割も相互に関連し影響し合い、個々人の生き方を構成していく。キャリアは、個人の関わる個々の行為、仕事、働き役割の相互関係性とそれらが繰り広げられる空間的（場）関係性と、空間と時間との関係から織りなされる広がりに焦点をあてている言葉であるとしている。

④個別性

キャリア組や専門職といった言葉として「キャリア」を用いた場合、そこには、決定権を持つ、他人に左右されず自分の思うようにできる、自分で選べるなど、自立性、主体性の高い働き方、生き方が共通しているといえる。すなわち、どの時代であっても、自立性、主体性の活かされる働き方、自己決定、自己選択のできる働き方をキャリアと呼んできたと解釈することができ、これは人間の「個別性」を認めるという姿勢から導きだされるものであるといえる。この個別性こそが、キャリアの概念を構成する不可欠でもっとも重要な要素としている。

時代や文脈によって「キャリア」はさまざまに定義されているものの、そこには共通して時間軸、空間軸の中で生きる〝個人〟という存在がある。キャリアとは、その個人が環境と相互に影響し合うことで発展し、自分自身で継続的に織りなしていく歩みや軌跡そのものであることが、キャリアの共通要素からもとらえることができる。

(3) アイデンティティ

自分自身の生き方、働き方という広義のキャリアを考えるとき、そもそも〝自分とは何か〟という根源的な問い、すなわち「アイデンティティ」の問題にも向き合うことになる。アイデンティティの定義は実に多様である。たとえば、谷・宮下（二〇〇四）によれば、〝自分が自分であるという一貫性をもち、過去・現在・未来にわたって時間的連続性をもっているという個別的で主観的な自分自身が、周囲の人々からみられている自分自身や社会的な関係の中での自分自身に合致しているという自信や安定感〟と説明される。キャリアの定義にみられる共通性として見いだされた四つの要素（渡辺、二〇〇七）ときわめて近い関係性にあることがわかる。

エリクソン（Ericson, 1982：村瀬・近藤訳、一九八九）のアイデンティティ論によれば、アイデンティティの獲得は、青年期における重要な心理社会的発達課題であることが示されている。エリクソンは、人間の発達を乳児期から老年期までの8段階に分け、それぞれの段階において、乗り越えるべき課題があることを論じている（図1-1）。各段階には、ポジティブ、ネガティブの対になる概念が示されている。これは発達には、どちらも必要なものであり、ネガティブな状態をポジティブな状態が上回っていることが重要であるとされる。たとえば、学童期では「勤勉性 対 劣等感」が課題としてあげられている。学童期に入ると、子どもは学校場面における勉強や運動などで〝自分はうまくできない〟〝自分はダメだ〟という劣等感を抱くような出来事に遭遇することがある。しかし、コツコツと懸命に頑張ることが達成につながるという勤勉性によってそうした状況を乗り越えていくことが望ましいと考えられる。

マーシャ（Marcia, 1964）は、エリクソンの理論を発展させて、青年期のアイデンティティの状態を分類し、アイデンティティの形

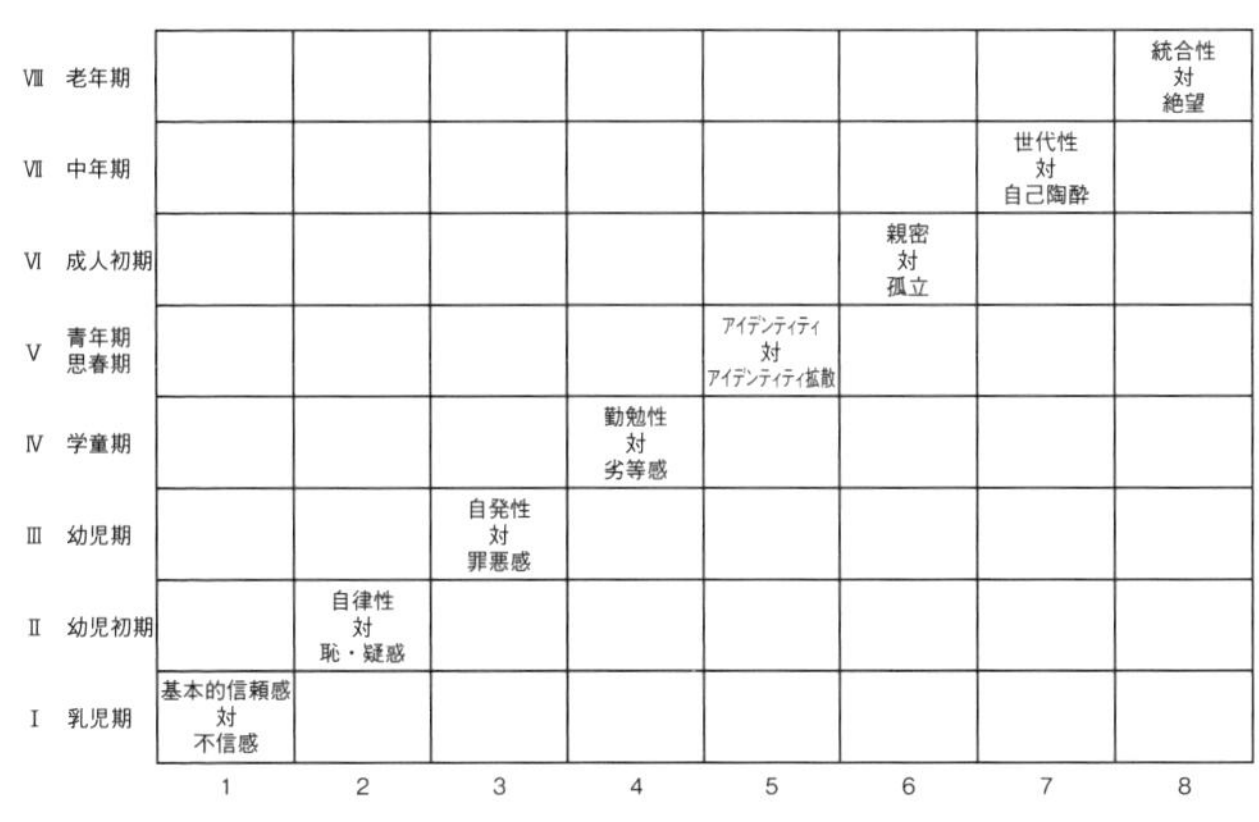

	1	2	3	4	5	6	7	8
Ⅷ 老年期								統合性 対 絶望
Ⅶ 中年期							世代性 対 自己陶酔	
Ⅵ 成人初期						親密 対 孤立		
Ⅴ 青年期 思春期					アイデンティティ 対 アイデンティティ拡散			
Ⅳ 学童期				勤勉性 対 劣等感				
Ⅲ 幼児期			自発性 対 罪悪感					
Ⅱ 幼児初期		自律性 対 恥・疑惑						
Ⅰ 乳児期	基本的信頼感 対 不信感							

図 1-1　エリクソンの精神分析的個体発達分化の図式
（Ericson, 1950 をもとに岡本, 1997 が作成）

成について理論化した（表1-2）。「危機」とは、〝自分とは何か〟〝自分はどのような方向に進めばよいか〟といったことについて悩み、人生におけるいくつかの選択肢を前にして考える経験のことである。危機は、必ずしも危険を意味しているのではなく、その個人にとって意味のあるいくつかの可能性について迷ったり、決定しようと苦闘した（している）という意味のものである（無藤、一九七九）。「傾倒」とは、そうした自分自身や自分

表 1-2　アイデンティティ・ステイタス（無藤，1979 を参考）

アイデンティティステイタス	危機	傾倒	概略
アイデンティティ達成	経験した	している	幼児期からのありかたについて確信がなくなり、いくつかの可能性について本気で考えた末、自分自身の解決に達して、それに基づいて行動している
モラトリアム	その最中	しようとしている	いくつかの選択肢について迷っているところで、その不確かさを克服しようと一生懸命努力している
早期完了	経験していない	している	自分の目標と親の目標の間に不協和がない。どんな体験も、幼児期依頼の信念を補強するだけになっている。硬さ（融通のきかなさ）が特徴的
アイデンティティ拡散	経験していない	していない	危機前：今まで本当に何者かであった経験がないので、何者かである自分を想像することが不可能
	経験した	していない	危機後：すべてのことが可能であるし、可能なままにしておかれなければならない

※アイデンティティ・ステイタスは、無藤（1979）では、「自我同一性地位（Ego Identity Status）」とされている。

の進む方向性などについて明確な信念をもって表現することができたり、その信念にもとづいて積極的に取り組むことを意味している。

しかしながら、近年では、自分らしい生き方の模索やアイデンティティをテーマにした課題は、青年期に限ったものではなく、成人期以降も生涯にわたって関わる重要なテーマとなっている。岡本（一九九七）はマーシャのアイデンティティ・ステイタス論をもとにした三つの研究からこの点について考察している。

マーシャ（Marcia, 1976）は、86名の男性を対象に大学時代と卒業後六年後のアイデンティティ・ステイタスを調べた結果、青年期のアイデンティティ・ステイタスは非常に変動しやすく、短期間しか一定しないことを明らかにした。たとえば、大学時代モラトリアム型だった者は六年後に100％が他のステイタスに移行しており、アイデンティティ達成型であった者も、他のステイタスに変化していた。これらは青年期のアイデンティティ・ステイタスが非常に流動的であることを示している。

岡本（一九九七）によればこの研究以降、アイデンティティ・ステイタスの変化の経路を検討することの重要性から、青年期のアイデンティティ形成は成人期初期まで拡大してとらえられるようになったという。ウィットボーンとウェインストック（Whitbourne & Weinstock, 1979）では、自分自身で意思決定を求められる危機事態を成人個人がどのように認知するかによってアイデンティティ・ステイタスが決まってくると考えられた。また、ウォーターマン（Waterman, 1982）の連続的にアイデンティティが発達していくパターンモデルから、岡本は二つの重要な課題が明らかにされたと考察している。一つめは、必ずしも多くの人が青年期にアイデンティティ達成を獲得し、成人期にそのまま維持されているとは限らないことである。二つめは、アイデンティティの発達経路は、必ずしも達成の方向へ移行するわけではなく、より下位のステイタスへの移行もありうるということである。

また、岡本（一九九七）は、こうした知見を踏まえて、成人期以降は、人生の岐路に遭遇するごとにアイデンティティに対する問いが繰り返され、アイデンティティが螺旋式に発達することを示している（図1-2）。

マーシャのアイデンティティ形成のプロセスは一九六〇年代に提唱されたものであり、その後、社会の状況は大きな変化を遂げている。よって、当時のままのアイデンティ

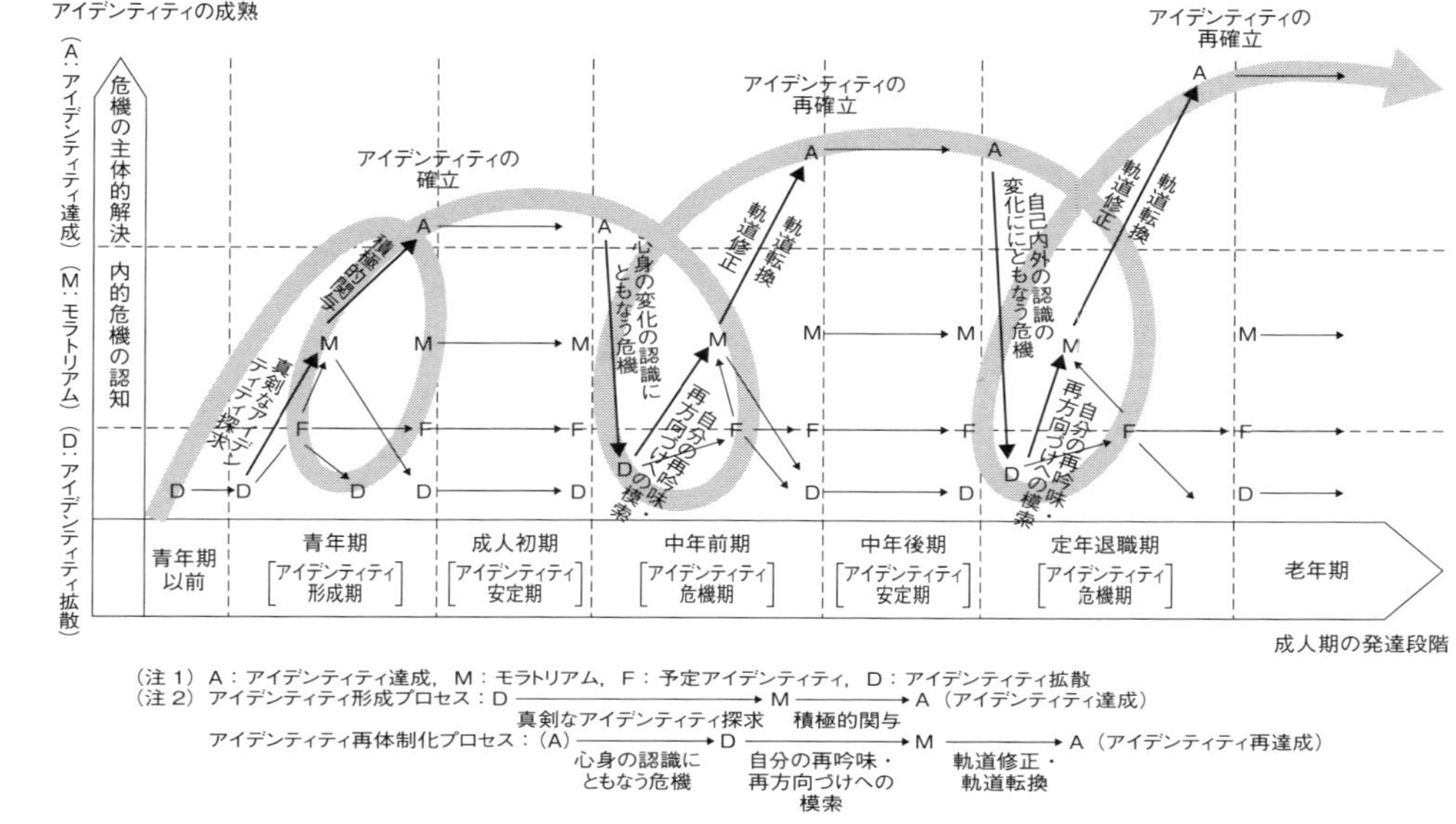

図 1-2　アイデンティティの螺旋式の発達モデル（岡本，1997）

ティの形成プロセスを現代にあてはめるには限界もあるだろう。畑野（二〇一〇）は、自己決定や主体性が求められる時代の変化において、多様な領域の中でどの領域が自分にとって重要な領域なのかを決めていかなければならず、そうした文脈の中でのアイデンティティ形成のプロセスを明からにすることが必要であると主張している。また、主体的、積極的に取り組む領域というのは自分自身にとって重要な領域であり強みにつながる可能性が高い。そうした取り組みによって、職業的アイデンティティ、すなわち〝アイデンティティの一つとしての職業的な生き方に関する自分らしさの感覚〟が明確になっていく（桐井、二〇一二）。

青年期にアイデンティティを達成したとしても、社会経験を経る中で学び直したいという動機を抱いたときには、モラトリアムな状態に移行していることも考えられる。また、社会人になりさまざまな人生上の出来事（ライフイベント）に遭遇すると、それまでの自己アイデンティティや職業アイデンティティが問い直されることもある。しかし、そうした事態に対するとらえ方や取り組み方次第で、そのアイデンティティの危機を乗り越えるかが変わる。危機をうまく乗り越えていくことは、成人期以降も新たなアイデンティティ達成や自己の成長につながる転機にもなるといえる。

2――キャリアのさまざまなとらえ方

(1)「ジョブ・キャリア」「ワーク・キャリア」と「ライフ・キャリア」

キャリアをデザイン（計画、設計）するときには、狭義のキャリア、広義のキャリアのいずれも外すことはできない。

たとえば、キャリア・デザインを考えるうえで、職業人としての期間の道筋である「ジョブ・キャリア（job career）」とその期間も含めた「ライフ・キャリア（life career）」というとらえ方がある（木村、二〇一二）。「ライフ・キャリア」はミラーーティードマンとティードマン（Miller-Tiedeman & Tedeman, 1990）によって提唱された概念であり、まさしく個人の人生、生き方、その表現の仕方そのものを意味する。江頭（二〇〇九）の定義においても、ライフ・キャリアは〝仕事を通して経験したこと、経験することの積み重ねであり、生涯を通しての生き方〟とされている。すなわち、ライフ・キャリアには職業人としてのキャリアの他に、子ども、学生、親、家庭内、労働といった多様な役割と経験にもとづくキャリアが存在する。ライフ・キャリアは、個人の生涯におけるそれらすべてのキャリアを統合した概念である。

はたらくことに関連する言葉はさまざま存在するが、**表1-3**はそれらを整理したものである。人はそれぞれの期間で「ジョブ」より広い概念での「ワーク」をもって歩んでいるのである（木村、二〇一二）。

「ワーク」すなわち「仕事」は、〝事に仕えること〟である。この点について江頭（二〇〇九）は、職業と仕事の違いについて次のように説明している。たとえば、「食事」は食をつくる〝事〟

表1-3　はたらくことに関する言葉
（益田，2012および「リーダーズ英和辞典（1999）」を参考に作成）

task	業務。仕事に含まれる一つ一つの作業。分業化された最小の単位。
position	（1人が分担する作業が集合された）職位。立場。地位。
job	職務。役目。金銭的報酬を伴う仕事。
labor	（肉体的・精神的な）労働、勤労、労力。
role	（期待される、または果たすべき）役割、役目。任務。
occupation	（最も一般的な意味で用いられる）職業。つとめ、生業。
work	仕事、労働、作業、努力、勉強。（なすべき）業。 金銭的報酬を伴うもの（paid work）、伴わないもの（unpaid work）の両方を含む。
vocation	（心理的に自分の職業というアイデンティティを持つ）天職や使命。（特に、献身を要するような）職業。
profession	専門職業。

に〝仕える〟ことである。家での食事は、自分や家族の誰かがつくり、外食は家族以外の人がつくる。たとえば、食事を作ってくれた母親に家族からお金は支払われないが、外で食事を作ってくれた調理師にはお金を支払う。経済科学的な観点からすると、お金が動くことは経済的な活動であり、お金が動かないことは非経済的な活動となる。つまり、一般的には有償労働により収入を得ることが「職業」となり、無償労働である家事は「職業」とはならないということになる。しかし「仕事」といった場合には、〝食べるものをつくる事に仕える〟ことであり、お金がかからない活動も〝事に仕える〟ことであれば含まれるのである。その人が時間と労力を注いでいる活動は「仕事」としてとらえる見方ができる。[1] したがって、キャリアをデザインするうえで、人はさまざまなキャリアの領域とそれぞれの期間で「ワーク」をもっていると考えることが重要である。

多くの社会人がジョブやワークのキャリアだけを切り出して自らのキャリアをデザイ

1　近年では、無償労働の貨幣価値にも注目が集まっている。内閣府（二〇一三a）によれば、家事や買い物、育児、ボランティアなどに充てられた「無償労働」を金額に換算すると、二〇一一年は過去最高額の約一三八兆五千億円に上ることが報告された。

ンすることはできず、ライフを含めた広い視点から自らのキャリアをデザインすることになる。特に、社会人は、職を持ち収入を得て働く職業人であるとともに、休日になれば地域の活動に参加する市民としての役割を担うこともあるだろう。また、子の親として子育てする一方、自分の親に対しては子という立場で、場合によっては親の介護に携さわっているかもしれない。社会人学生になるということは、こうした重なり合うさまざまな役割をもって生活している中で、新たに〝学生〟という役割を持つことになるのである。肉体的、時間的、経済的、心理的な観点などから、社会人学生としての学び方やキャリアを一〇代から二〇代前半までの学生としての学び方やキャリアと同じように考えることはきわめて難しい。社会人学生として、「学生のキャリア」をどのタイミングで始め、どのように歩み、どのように終え、そこでの学びを後のキャリアにいかに活かしていくか、ということがキャリア・デザインにおいて大切なポイントになる。

(2) 「客観的キャリア」と「主観的キャリア」

キャリアのとらえ方において、そのキャリアが客観的であるか、主観的であるかという軸がある。

「客観的キャリア」とは、業績や社会的な地位、給与などの業績経済的な豊かさといった周りからの判断、評価の視点によるものである。一方、「主観的キャリア」とは、個人が自らのキャリアについて、満足、成功、価値などをどのように意味づけているかといった自分自身の視点によるものである。

たとえば、国家公務員I種に合格し、官公庁で国の重要任務を任されて働いている「キャリア組」といわれる立場の人や、専門的な知識や技術をもって第一線でバリバリ活躍する女性の「キャリア・ウーマン」について考えたとき、「客観的キャリア」という外的な視点からはエリート的にとらえられたとしても、当人がそのキャリアに満足しているか、働く価値を見い出しているかという「主観的キャリア」とは別軸で考えなければならない。「主観的キャリア」は当人自身にしか意味づけられないものであり、内的な基準や価値観など、心理的な側面が重視される。近年、個人の自律的なキャリア形成が求められており、個々のキャリア・デザインにおいて、この「主観的キャリア」が重視されつつある。

(3)「オーガニゼーショナル・キャリア」と「バウンダリーレス・キャリア」

二〇～五〇代の社会人における転職経験に関する調査によると、転職の平均回数は2・3回であった。また、一回でも転職したことがある人は、三〇代では、およそ75％であり、四〇代では85％にも及んでいる（エンジャパン、二〇一二）。二〇〇六年同社の調査では平均回数が1・8回であったことから転職は増加傾向にあるといえる。一つの企業組織に留まらずに、自らキャリアを発達、展開させていこうという労働者の姿勢がうかがえる。終身雇用、年功序列制は、現在も日本企業で多くとられている雇用形態ではあるが、バブル崩壊以後、長期雇用を前提とした企業内での人材育成を担う体力は失われつつある。企業側からは即戦力となる人材や自律的にキャリア形成を行う人材、グローバルな人材が求められるようになっている。

従来のように一つの企業組織や雇用環境で展開されていくキャリアは「オーガニゼーショナル・キャリア（organizational career）」と呼ばれる。一方、異なる職務や組織、企業、産業の境界を越えて横断的に移動しながら展開されるキャリアは「バウンダリーレス・キャリア（boundaryless career）」（Arthur, 1994）と呼ばれ、新たなキャリア観として注目を集めている。「インテリジェント・キャリア（intelligent career）」とも呼ばれる。この新しいキャリア観には、仕事に関する横断的な移動だけではなく、たとえば就職してから大学で学び直したり、国を越えての留学を経て再び就職するなど、多様な形での学びを含めたキャリアの発達を含んでいる。

一つの組織や雇用環境に限られた横断的な移動や垂直的な移動に留まるのではなく、よりダイナミックな動きを伴いながら、仕事や学びの場を自ら開拓し、自分の能力、スキルを高めながら多様キャリアを発達させていくという、能動的で主体的なキャリア形成と深く関連するキャリア観といえる。

3——社会人のアイデンティティとキャリア・デザイン

概観してきたように、キャリアの定義、とらえ方は実にさまざまである。また、キャリアに対する迷いや戸惑いは、時に自分自身のアイデンティティを揺さぶることにもなるため、キャリアとアイデンティティは非常に密接な関係にあるといえる。

では、キャリアをデザインするとはどういうことだろうか。あるいは、あなたはキャリア・デザインにどのようなイメージをもつだろうか。

キャリア・デザインとは、キャリア（career）とデザイン（design）を組み合わせた和製英語である。私生活、職業生活を含めた自分の人生について考え、自分自身で描くことを意味する。

笹川（二〇〇四）は、キャリア・デザインを〝自分自身の人生の経験を生かしながら、よりよい働き方、学び方、暮らし方、生き方を探求し、実現していくことと説明している。また、木村（二〇一二）は、〝人生の節目、節目でこれから先の道筋をデザイン（判断）すること〟と述べている。

社会経験を経て再び学び始める社会人学生の特徴は、多くの場合、その背景に自分自身の経験をもとに沸き上がった学びの動機があるという点といえるだろう。すなわち、笹川（二〇〇四）の示すように、自分自身の経験と学びを結びつけながら、それらを活かしてより豊かな人生を目指していくことが、社会人の学びを活かしたキャリア・デザインそのものであるととらえることができる。また、キャリア・デザインは常に行わなければならないものではない。木村（二〇一二）の定義にみられるように、人生の節目という時期のデザインが重要であると考えられる。自分にとっての人生の節目で、自分の現在、来し方行く末に目を向けながら、進む方向性を判断していくことがキャリア・デザインということになる。

また、高橋（二〇〇六）は、将来の明確な目標に向かって計画を立て、一つ一つ着実に実行してキャリアを積み重ねていくというキャリア・デザインの考え方は、急速に成り立たなくなろうとしていると指摘する。それは、変化の激しい現代に、予定通りの一つのキャリアを生涯追求することが困難になっているためである。いつ何時、これまで積み上げてきたキャリアそのものが陳腐化して、キャリアの転換が必要になるかわからないことを警告している。高橋（二〇〇六）は、自分が描いてきたキャリアの将来像が、予期しない環境変化や状況変化により、短期間のうちに崩壊してしまうことを「キャリアショック」と呼んでいる。このキャリアショックは、時にアイデンティティの危機にもつながり得るだろう。今後はこうした危機に対応できる柔軟なキャリア・デザインこそが求められる。

おそらく社会人の多くは、人生上の想定外の出来事にしばしば遭遇してきたと思われる。しかし、想定外の出来事や思うようにいかなかったときこそ、キャリアをデザインするには好機ということになる。学び＝ラーニングのキャリアは、人生の節目におけるキャリアをデザインする際の一助となるのではないだろうか。

社会人学生は、主にはワーク、ライフ、ラーニングという三つのキャリアの領域を持つことになる。これらが織りなすキャリア全体をどのようにデザインすればよいのか、本書を通して考えていきたい。

ワーク1

自分の生き方、働き方についての悩みを相談に来たAさんの例を参考に、アイデンティティについて考えてみよう!

①Aさんのアイデンティティは、就職前、就職後、休職中、復職後とどのようなプロセスをたどっているか、アイデンティティ・ステイタスを参考に考えてみましょう。
②自分が社会人になった前後、数年間のアイデンティティ・ステイタスについて振り返って考えてみましょう。

Aさん　28歳　の場合
私の母は看護師、姉は介護士をしています。結婚前も結婚後も働き続けています。私は母や姉と同じ仕事や生き方を進むことがどこか嫌で、大学のころから一般の大企業に勤めることを目指していました。業界はなんでも良かったのです。給料や雇用が安定していて、休日がしっかりとれてプライベートを充実させることが重要でした。そして、同じような大企業で勤める男性と結婚し、その後は退社して家庭に入ることを夢見ていました。就職活動ではいくつかの企業から内定をもらうことができ、一番規模が大きく安定していると思えた大手の金融関連会社に就職しました。はじめは誰もがうらやむような大企業に就職できたことが嬉しく自慢でした。〝私の将来は約束されたもの！〟と思いました。なぜか母や姉にも勝ったような気さえしていたのです。ただ、1年、2年、3年と働いていっても、仕事の内容にはどうしても興味が持てず、つまらない毎日……。パソコンと向き合って数字とにらめっこする日々です。やる気も起きず効率も悪く、締切が守れなかったり、仕事が滞ることが出てきました。自分から積極的に勉強したり、スキルを高めようと頑張る意欲もわかず、同期からも後れをとるようになりました。仕事が滞り残業や休日出勤することも増え、プライベートやリフレッシュのための時間は減っていきました。仕事はお金を得るため、結婚して退社するまでと割り切るつもりが、〝自分は何のために働いているのだろう？　何のために生きているのだろう？〟と考える日々……ついには調子を崩して休みがちになり、最終的には休職することになってしまいました。

休職中、実家に帰り母や姉といろいろ話をしました。その中で、私は小さいころは看護師に憧れていたことを思い出しました。でも、勤務が不規則で大変そうに働く母の姿を見ながら、いつしかそうした仕事はしたくないという反発心が強くなっていきました。けれども、生き生きと誇りをもって働き続け、自分を育て上げてくれた母と親身に支えてくれる姉に対して、感謝と尊敬の気持ちでいっぱいになるとともに、人と関わり、人を助けることを生涯の仕事とする二人を、本当はうらやましく思っている自分に気づきました。

まずは、自分の健康を取り戻すことを第一に考え、早く会社に復帰できるようにしたいと思います。復職したらもう一度しっかりと今の仕事と向き合い、そのうえで本当に自分はこの仕事を続けていくのかを考えてみます。もし自分もやっぱり人を助ける仕事を目指したいと考えたときには、看護系の大学で社会人でも入学できるところを探してみようかなと思います。自分のこれからの働き方、生き方について、もう一度考えてみます。

――それからおよそ一年後、Aさんは、職場を退職し、大学の看護学部の三年次に編入学しました。看護師となり、〝年下の看護師さんによく叱られます〟とはにかんだ笑顔で話しながら、いきいきと新しいキャリアを歩み始めました。

第2章 生涯学習とキャリア・デザイン

1――生涯学習時代を生きる社会人

厚生労働省（二〇一四a）によると、二〇一四年における日本の平均寿命は、男性が80・50歳、女性が86・83歳となった。すなわち、〝人生八〇年時代〟の到来であり、二〇歳で成人となってから、平均的には六〇年以上自分の生きる道を歩む時代である。近年、心理学では生涯発達の観点から、人間はいくつになっても生涯にわたって成長すると考える。中年期、老年期は、自らの知識、経験を熟成させながら、さらに成長し続ける時期といえる。

社会人となり実生活の中でのさまざまな出来事を通じて考え、感じ、行動したことは、その人にしかできなかった経験であり、個人の人生の賜物である。個人の中に蓄積された独自の経験、価値観は、その後の人生の成長の糧にすることができる。自分自身の経験を踏まえて、長きに渡る人生をさらに豊かにするために社会人になってからの「学び」に対する期待は高いといえる。

(1) 生涯学習とは何か

文部科学省（二〇一四）によると、「生涯学習」とは、〝一般には人々が生涯に行うあらゆる学習、すなわち、学校教育、家庭教育、社会教育、文化活動、スポーツ活動、レクリエーション活動、ボランティア活動、企業内教育、趣味などさまざまな場や機会において行う学習の意味〟で用いられている。

生涯学習とするべきか、生涯教育とするべきかという議論も見受けられる。たとえば、

〝学習は経験による行動の変容〟であり、本人が意識している否かや進歩的であるかどうかとは関係なく、一定の経験をする前と後とで行動の仕方にある持続的な変化が生じていれば学習であり、〝学習は本質的に自発的活動〟ととらえられる。これに対し、〝教育は指導された学習〟であるとし、自分の選択した教育的な価値によって、自らの学習を方向づけたり制御していくことは自己教育であり、自己教育は生涯教育に含まれる（麻生、一九九三）。よって、厳密には生涯学習と生涯教育は異なる意味を持つと考えられる。しかし、生涯にわたって個人が自律的に学ぶという場合には、生涯教育よりさらに広い概念といえる生涯学習が適していると考えられる。

生涯学習の理念については、二〇〇六年に「教育基本法」が全面的に改正され、その第三条に、〝国民一人一人が自己の人格を磨き、豊かな人生を送ることができるよう、その生涯にわたって、あらゆる機会に、あらゆる場所において学習することができ、その成果を適切に生かすことのできる社会の実現が図られなければならない〟と示されるようになった。こうした理念にもとづき、国は、人々が生涯のいつでもどこでも自由に学習機会を選択して学ぶことができ、その成果が適切に評価され、活かすことができる社会である「生涯学習社会」の実現を目指している。

そもそも生涯教育は一九六五年に、ユネスコの第三回成人教育推進国際委員会のワーキング・ペーパーにおいて、ポール・ラングランが「生涯教育の大切さ」を指摘したのがはじまりとされている（辻、一九九二：高坂、一九九九）。ユネスコの提起する生涯学習は「基本的人権」としての学習権の考え方が反映されており、初等教育や識字教育に重点が置かれた。他方、一九七〇年に経済強力開発機構（Organization for Economic Coloperation and Development：OECD）は、「生涯教育」ではなく「生涯学習」の概念を強調し、学校のような機関で行われる活動に限られるニュアンスの強い「教育」から、公的教育から死に至るまで継続できる活動というニュアンスの強い「学習」という概念に重点を置いた。

(2) 生涯学習の実態からみる学びの志向

内閣府（二〇一二c）「生涯学習に関する世論調査」の結果によると、この一年間に生涯学習を行った人は57％であった。また、生涯学習を行った人の90％は、自分自身の行った生涯学習に対して満足していることが報告されている。行った生涯学習の形式とその割合（図2-1）についてみてみると、「公民館や生涯学習センターなどの公の機関における講座や教室」の割合が40・5％と最も高い。また、「同好者が自主的に行っている集まり、サークル活動」や「カルチャーセンターやスポーツクラブなど民間の講座や教室、通信教育」といった項目が上位に位置していることから、学問的な学びだけではなく自分自身の趣味や教養の学習へのニーズが高いといえる。また個人的な学習だけではなく、学ぶ場に

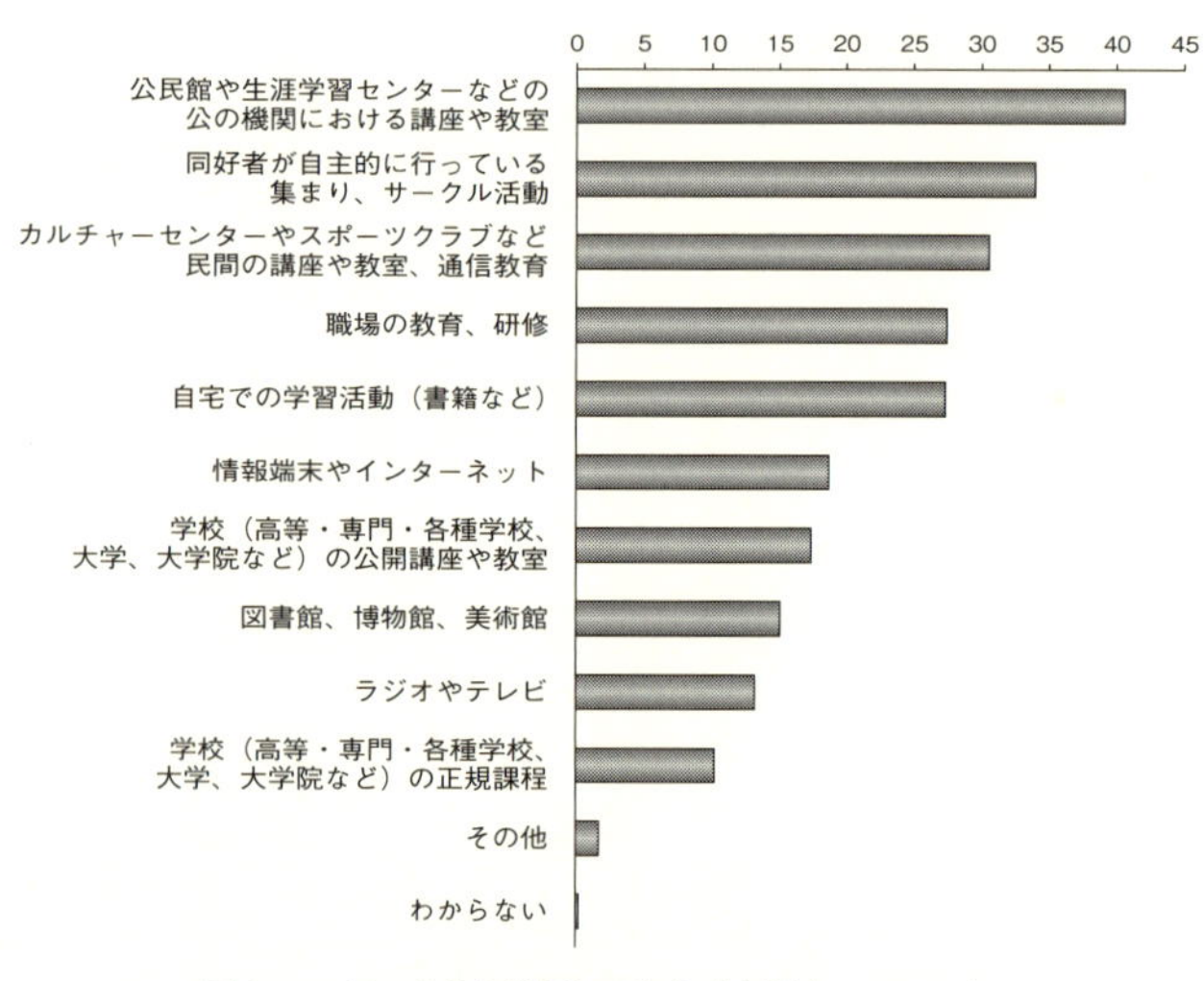

図2-1　行った生涯学習の形式（内閣府，2012c）

他者とのつながりがあることもうかがえる。

注目すべき点として、「ラジオやテレビ」よりも「情報端末やインターネット」による学習の割合が高いことがあげられる。同調査において、〝「情報端末やインターネット」を使った生涯学習をしたいと思うか〟を尋ねたところ、45・4％が「思う」と回答していた（「思う」23・9％＋「どちらかといえば思う」21・5％）。年齢別では、「思う」と回答した者の割合は二〇歳代から五〇歳代で高く、「思わない」と回答した者の割合は六〇歳代、七〇歳以上でそれぞれ高くなっている。よって、年代によるニーズの違いはあると考えられるものの、「情報端末やインターネット」を利用した学習形式への需要は、今後さらに増加していくことが予想される。しかしながら、情報端末やインターネットを使った生涯学習を行うにあたり「情報端末やインターネットの扱いが難しい印象がある」をあげた者の割合は、30・5％と最も高かった。また、「情報端末の費用やインターネットの通信費用がかかる」（22・0％）、「いつでも気軽に相談できるような情報端末やインターネットに関する窓口がない」（18・8％）、「情報端末やインターネットの使い方などを教えてくれる指導者が少ない」（16・7％）といった回答もそれぞれ二割程度見られた。よって、情報化社会と学びをつなぐうえでのこうした課題の克服も重要であるといえる。

これらの結果から、現在さまざまな場所や形式での学びの機会が提供されているとともに、成人の半数以上はこうした何らかの学びの機会を活用していることがわかる。

調査結果の中で、高等教育機関の取り組みを利用して生涯学習を行った者の内容と割合に着目すると「学校（高等・専門・各種学校、大学、大学院など）の公開講座や教室」が17.5%、「学校（高等・専門・各種学校、大学、大学院など）の正規課程」が10.3%であった。図2-2に見られるように、OECDに加盟する諸外国では二五歳以上の大学機関への入学者の割合が平均二割程度に達しており、この中には社会人学生も相当数含まれている。日本の社会人学生の比率はきわめて低く、社会人の学び直しについて、わが国と諸外国との間には大きな差があることがうかがえる。わが国では、生涯学習が一般的になりつつある半面、大人になってからの大学機関での学び直しが世界標準で進んでいるとは言い難いのが現状である。

(3) リカレント教育

働きながら学ぶことができるという「リカレント教育」への道が、ＯＥＣＤの生涯学習の議論を中心に、職業生活から切り離すことなく、生涯にわたって学ぶことの重要性が強調されてくことにより、次第に切り開かれていった。

リカレント（recurrent）とは、〝繰り返される〟や〝循環〟といった意味である。一九九二年、文部科学

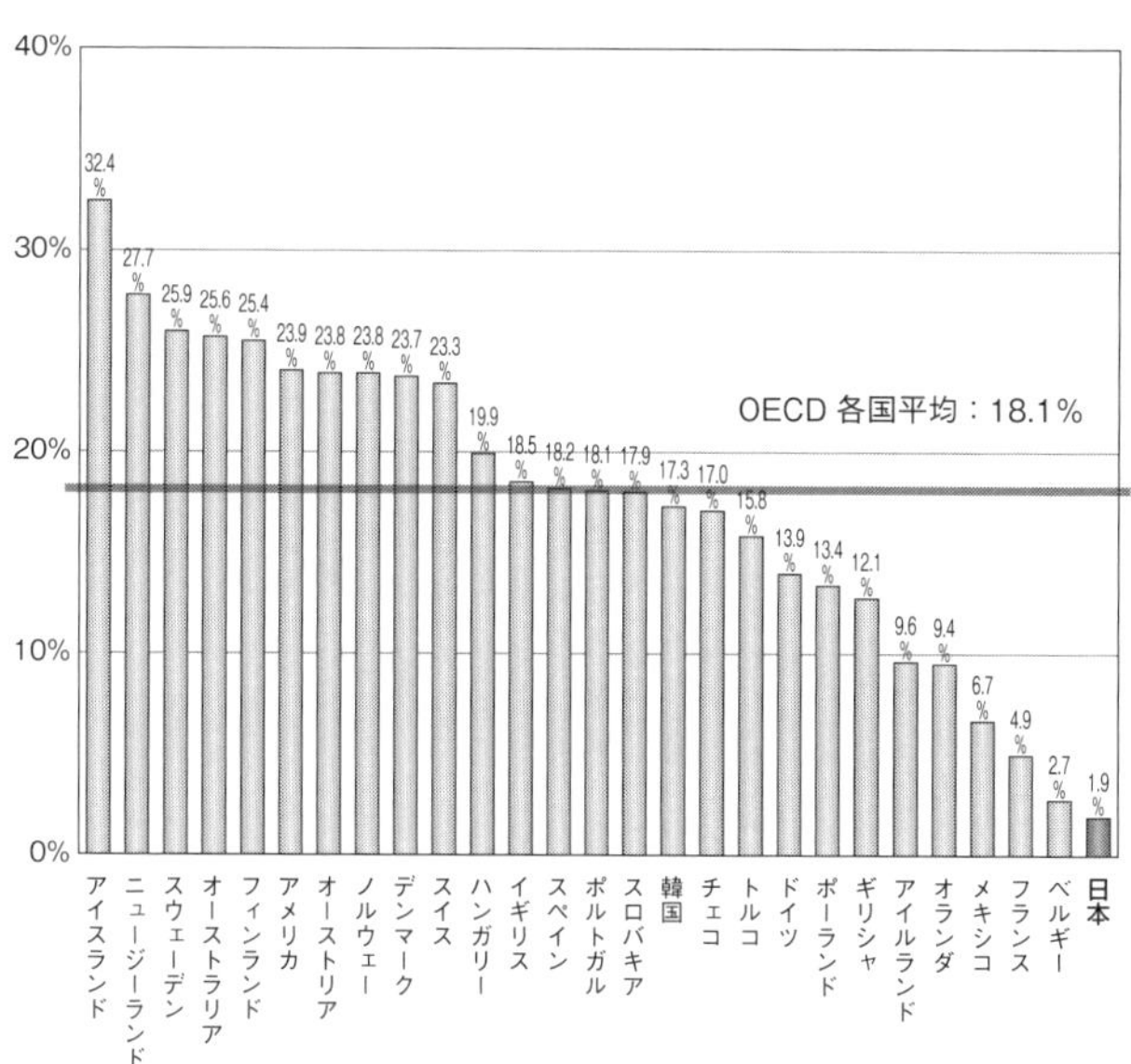

図 2-2　大学型高等教育機関への進学における 25 歳以上の入学者の割合（国際比較）（OECD Stat Extracts, 2012 をもとに文部科学省, 2015a が作成）

※日本の数値は「学校基本調査」と文部科学省調べによる社会人入学生数（4 年制大学）

省生涯学習審議会からの答申「今後の社会の動向に対応した生涯学習の振興方策について」が出され、リカレント教育について、〝「学校教育」を、人々の生涯にわたって、分散させようとする理念〟であることが示された。本来、リカレント教育とは〝「職業上必要な知識・技術」を修得するために、フルタイムの就学とフルタイムの就職を繰り返すこと〟と定義されているが、働きながら学ぶ場合や心の豊かさや生きがいのために学ぶ場合、学校以外の場で学ぶ場合や、職業から離れたフルタイムの就学だけではなくパートタイムによる就学も含まれて理解されている。すなわち、わが国で意味するリカレント教育は、高度で専門的かつ体系的な社会人再教育と考えられており、OECDの提起する生涯学習の考えを継承しつつ、成人の学習活動全体に近いものとされている（文部科学省、一九九二）。

文部科学省は、「教育」という用語は、学習機会を提供する側の立場に立ったものであるが、リカレント教育で学習することは生涯学習の一環であり、リカレント教育における学習は、生涯学習の重要な一部をなすものという見解を示している。また、その教育の機能として、①社会の変化に対応する専門的で高度な知識や技術のキャッチアップやリフレッシュ、②一度学校や社会で学んだ専門分野以外の幅広い知識・技術、新たに必要になった知識・技術を身に付けること、③現在の職業や過去の学習歴・学習分野に直接かかわりのない分野の教養を身に付けて人間性を豊かにすること、という三つがあげられている。さらに、「リカレント教育」のうち、〝職業人を対象とした、職業志向の教育で、高等教育機関で実施されるもの〟は「リフレッシュ教育」（文部科学省、一九九六）と呼ばれている。

こうした生涯学習の中の重要な位置づけにあるリカレント教育は、職業や社会生活に必要な知識や技術を専門的、体系的に学ぶため、大学院、大学、短期大学、専門学校といった高等教育機関を中心に行われる教育である。よって、高等教育機関がいかに積極的に生涯学習のための教育に取り組んでいくかは、生涯学習社会の実現における重要な課題となっている。

(4) 生涯学習時代からポスト生涯学習時代へ

近年の大学における生涯学習のあり方を見据えるうえで、「ポスト生涯学習」という概念（村田、一九九九）が提唱されている。これは、〝従来の伝統的な生涯学習を超える〟生涯学習という意味合いを含んでいる。

たとえば、従来型の伝統的な生涯学習は、ある程度時間的なゆとりのある定年退職者や専業主婦などがカルチャーセンターなどを利用して受ける教育を中心としており、趣味や自己実現の手助けになる学習プログラムが重視される傾向にあった。ゆっくり時間ができたときに学ぶことや比較的時間に余裕がある人に対して提供されるプログラムが中心であった。しかし、「ポスト生涯学習」における生涯学習は、生涯にわたって関わる学習であり、関わり続ける学習といっても過言ではないだろう。労働と遊び、労働とリタイアの区別なく、充実した人生を送るための一つの手段とされる。それと同時に、ポスト生涯学習は、リカレント教育ないしは継続教育の一環として、職場への復帰や労働の現場への還流を考えた内容になっていることが重要となる。

そうしたことから、村田（一九九九）の述べる「ポスト生涯学習」での学習内容は、従来から多く行われてきた大学の公開講座のような一回あるいは数回の学習ではなく、高度で体系的かつ継続的な学習を指している。さらに、伝統的な生涯学習の中心であったこのカルチャーセンター的な教育がより高度になったものが「ポスト生涯学習」の内容ととたとえられる。個人が一生かかって学習するような専門領域を見つけ、その知識を習得するための教育を意味している。高度で体系的な学習が行われるようになると、入門的な内容から専門的な知識の習得に至る学習の段階的なカリキュラムが必要となってくる。当然のことながら専門的な知識の習得には、労苦と努力を伴うことになるため、その対価としての学習成果の評価はきわめて重要になる。そのために、「ポスト生涯学習」で求められるのは、学習成果の評価としての単位の認定や学位の授与、資格の取得である。これは「生涯学習社会」の理念にもあるように、学習の成果が適切に評価され、活かすことができる社会の実現に向けても重要な問題といえる。

2――成人における学びの特徴

(1)成人の教育・学習理論（アンドラゴジー）

成人してからの教育・学習は、経験、パーソナリティの成熟の程度、心身の状態など、子どものそれらとは多くの点で異なる。主な相違点が表2-1にまとめられている。

子どもの教育・学習は、主に将来社会人となるための準備として行われるものであり、学習の目標や内容などは所属する社会環境側から与えられることが中心となる。一方で、成人の教育・学習は、現実のさまざまな課題や経験から生起した問題を解決することや欲求や好奇心などを充足させるための学習が多くなる。そのため、成人では、学習の目標や内容を学習者自身が選択したり、自律的に学びを進めていくことに重点がおかれる。また、子どもの教育の場では、年齢や学習能力、経験などがほぼ同質であるが、成人の場合には、年齢、職業、能力、経験など多様なメンバーによって集団が構成されている。また、通信教育を用いた場

表 2-1 子どもの教育・学習と成人の教育・学習の対比（藤岡，2008）

子ども		成人
学校中心	⇔	多様な学習機会・手段
フルタイム	⇔	パートタイム・フルタイム
義務的・強制的	⇔	自発的・選択的
将来への準備	⇔	現実の課題解決・ニーズ充足
与えられた目標・内容	⇔	自ら選択した目標・内容
同質的学習集団	⇔	異質的学習集団・個人
教師主導	⇔	学習者主導
教師による評価	⇔	自己評価・相互評価

合には、自宅学習などが中心となり、個人で自律的に学習を進めていくことが求められる。

ノールズ（Knowles, 1980：堀・三輪訳、二〇〇八）は、成人の学習・教育を子どもの学習・教育の延長ととらえるのではなく、成人には独自の理論や学習の方法がなければならないことを主張し、「アンドラゴジー（andragogy）」という概念を提唱した。このアンドラゴジーは、ギリシャ語の〝成人〟を意味するaner（andr- の原義）と〝指導〟を意味するagogusの合成語であり、子どもを意味するpaidを前提とした教育の「ペダゴジー（pedagogy）」との対比で作り出された言葉である。「成人の学習を援助する技術の学問」のこととされる（池田、一九九二）。

ノールズは、成人学習者の成熟にともなう変化として以下の四つをあげている。

①自己概念は、依存的なパーソナリティのものから、自己決定的な人間のものになっていく。

②人は経験をますます蓄積するようになるが、これが学習へのきわめて豊かな資源となっていく。

③学習するためのレディネス（準備状態）は、ますます社会的役割の発達課題に向けられていく。

④時間的な展望は、知識を将来的に活用するというものから即時に応用するものへと変化していく。そのために、学習への方向づけは、教科中心的なものから課題達成中心的なものへと変化していく。

すなわち、成人学習者は、学びで得た知識を自分自身の中に蓄積された経験とともに発展的に結びつけ、社会の中での現実的な課題に対する活用や実践的な応用へとつなげていくことが重要である。アンドラゴジーでは、こうした成人学習者としての特性を十分に理解したうえで学習支援がなされなければならないことを強調している。

(2)能力の変化

成人期以降では、加齢に伴う体力、気力、能力の変化が誰にでもおとずれる。そのため、青年期までと同じスタイルで学習しようとすると思うようにいかないことが多々生じる。中でも、社会人学生が、〝なかなか覚えられなくなって…〟や〝頭が追いつかなくなってきて…〟と自分自身の知的能力の変化について否定的にとらえていることは少なくない。自分自身への加齢による知的能力の変化、あるいはその変化に対するとらえ方が、社会人になってからの学習参加に対するためらいにもつながりかねない。しかし、能力の特性を理解し、成人期なりの学習方法を工夫していくことにより、より充実した学びへとつなげていくことも可能である。

知的能力には、キャッテル（Cattell, 1971）の提唱した「流動性知能」と「結晶性知能」の二つの分け方がある。流動性知能は、新しい場面に適応を必要とするときに働く能力のことであり、情報処理や問題解決に関係する。思考力、計算力、暗記力、集中力、瞬発力などが含まれる。これは青年期をピークとして、加齢とともに次第に低下していくと考えられる。これに対して、結晶性知能とは、後天的な生活経験やさまざまな学習を通して培われた判断力や習慣である。知恵、語彙力、経験知、判断力、管理監督力、対人関係力などが含まれ、成人期を過ぎても低下しにくい（図2-3）。結晶性知能

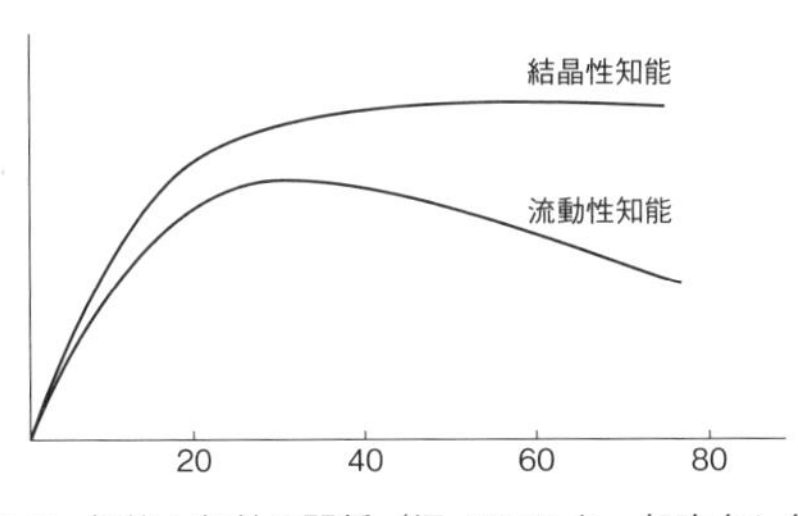

図 2-3　知能と年齢の関係（堀, 1993 を一部改変し作成）

は過去の経験の結果が知能の土台（経験の結果が結晶化されたもの）となる能力であるため、経験の機会を工夫することによって成人期以降も上昇させることが期待できる。よって、両者の相殺効果によって、成人期における知的能力が安定するといえる（堀、一九九三）。

したがって、単語を覚えたり、計算をしたり、短期記憶を要する暗記ものなどは若い年齢層のほうが容易である。しかし、何もせずにただ流動性知能の低下を待つのではなく、社会人学生として学ぶ中で、流動性知能を積極的に活用する学習方法を取り入れていくことは、その低下を穏やかにする可能性がある。日々の学習に対して、知能活用のトレーニングのつもりで積極的に臨むことが学習効率を高めていくことにもなるだろう。

また、結晶性知能については、むしろ成人期以降も自分自身で学びの機会を設けることで上昇や安定が見込まれる能力である。すなわち、自分の過去の経験や習慣、獲得してきた知恵と新たに学問的に学ぶ知識や理論を結びつけながら、総合的に理解したり、新たに遭遇する状況、問題に対応する力が伸び、応用力、実践力をつけることができる。

また、近年、知能指数（Intelligence Quotient）に対し、「情動知能指数（Emotional Quotient）」と呼ばれる心の知能指数が関心を集めている。これは、〝自己と他者の感情および情動を認識し、区別し、思考や行動を導くためにそれらの情報を活用する能力（Salovey & Mayer, 1990）〟と定義される。ゴールマン（Goldman, 1996：土屋訳、一九九八）は、伝統的な知的能力（ＩＱ）の概念は狭すぎるものであり、仕事での成功や人生をよりよく生きることとの主たる決定因は情動知能であると考えた。そして、サロベイらの研究をもとに、ＥＱを、①自分の感情を認識する能力、②自分の感情を制御する能力、③自分を動機づける能力、④他人の感情を認識する能力（共感）、⑤人間関係を処理する能力（他者の情動受容）という五つの因子に分類した。先行研究の概観から、情動知能が高いことは、高い人生満足度や自尊心の高さ、良好な健康状態を持つこと、良好な人間関係を築くことなどと関連することがわかっている（野崎、二〇一五）。また、ゴールマンは、ＥＱはＩＱと対立する概念ではなく、異質の知性であり、ＩＱが高くてもＥＱは低い人もおり、その逆も存在する。人間はさまざまな割合でＩＱとＥＱを併せ持っており、それが多様な特徴となっている。しかし、人間を人間らしい存在にするのはEQの働きである。さらに、EQの大部分は脳が学習した習慣や反応であるため、適切な方向で努力すれば矯正、向上させることが可能であるとしている。

したがって、成人期の学習では、一つの知能の変化にとらわれず、これまでの自らの経験を振り返るとともに新たな学習経験を通して、生涯にわたって自らの能力を高めていくのだという信念、自信をもって向き合っていくことが重要なのである

(3) 変容的学習

アンドラゴジーに関する理論はさまざまなものが展開されている。その中の一つに、メジロー（Mezirow, 1991：金澤・三輪監訳、二〇一二）によって提唱された「変容的学習」がある。変容的学習とは、批判的な振り返りを通じ、ものの見方・感じ方・行為の仕方の習慣的な枠組み、すなわち「準拠枠（意味パースペクティブ）」を変えていくような学習（常盤—布施、二〇〇四）と定義される。メジローは、成人はすでに経験を解釈するための枠組みをもっており、それを用いて現実を意味づけて理解していると考えた。その枠組みは、世界・他者・自分について理解するための「個人的パラダイム」であり、

子どもの時期に社会化のプロセスを通じて無批判的に獲得される。それぞれが〝何に関心を向け、それをどのように意味づけて解釈するか〟や〝何を重要なものとするか〟などを方向づける存在が準拠枠とされている。メジローのいう学習とは、ある状況に対してどのように対応したり、働きかけていくかを決めるために、それぞれの準拠枠を解釈の枠組みとして用いながら、自らの直面している状況を意味づけたり、解釈したりする活動を意味する。

成人は知識、経験の裏付けにより自らの準拠枠で物事を判断する。これは、色のついたサングラスを使ってたとえてみることができよう。自分が青いサングラスをかけてその風景が素晴らしいと感じたこと（経験）によって、〝青こそが素晴らしい〟〝青こそ重要だ〟と固定的にとらえてしまうことである。それが習慣化されると、もはや青いサングラスをかけていることに気づかず自分の世界が青く見えていることに何の疑いももたない状態に陥りかねない。もし赤いサングラスをかけた他者が、赤い風景の素晴らしさを語っても、自らの青の準拠枠の中に固執しては、なかなか他者の見方や環境を理解することができなくなるだろう。

メジローはこうしたものの見方、とらえ方そのものが問題であり、今まで自分が見過ごしてきた事柄に気づき、それを自覚的に問い直すという思考を「想定の批判的省察」と呼んだ。「想定」とは、信念の背後にある前提や自明のことと考えているような社会規範など、私たちの意識が直接及んでいなかったり、考えてみるまでもなく当然正しいと思いこんでいるような事柄全般のことであるという。「批判的省察」とは、ある事柄を、その限界や誤りの可能性も視野に入れつつ真実性・妥当性を問い直し、冷静に評価しようとするような思考である（常盤―布施、二〇〇四）。「想定の批判的省察」は、人間の意識の及ぶ範囲を拡大するような思考方法であるといえる。

社会人を経て学生となって学ぶとき、それまでの自分自身の経験や築き上げてきた価値観、信念があることは、より豊かな学びをもたらすことになる。その一方で、それらが新たな学びの障壁になることもある。自分自身がどのような準拠枠を持ち、どの枠組みで自分自身や他者、環境をとらえようとしているのかに気づくことは非常に難しく、何が学びの障壁になっているかに目をむけることが困難なこともある。社会人学生として学ぶということは、学術的な学びを通してある意味ではそれまでの自分自身の価値観や信念を問い直し、時にはそれらを大きく転換させる勇気も持たなければならない。

成人における学びでは、机上の学習だけではなく、自分とは違う他者のさまざまな見方や考え方を知ったり、他者と意見を交わしたり、知識や経験を共有することが重要である。そうすることでさまざまな準拠枠に触れることができ、自分の準拠枠への気づきも深まるだろう。社会人学生は、年齢、職業、居住地など実に多様である。社会人学生となった際には、ぜひ他の学生との出会いを大切に、積極的に交流も深めていただきたい。

(4) 自律的な学習にむけて

成人の学習形態は、大別すると、学習者自身が自律的、主導的に行う自己主導型の学習形態と形式的に講師中心に進めるような講師主導型の学習形態の二つに分類される。前者は、援助を要する程度が低く、講師への依存性や講師による方向づけの必要性も低い。こうした観点から整理すると、成人の学習形態は、図2-3のような四つに分類される。「1．学習者は方向づけと援助の両方が必要」では、学習者としての自信がなく、講師の指示や援助なしに学習活動が成り立たない状態である。よって、講義形式の学習が中心となり、学習の目的や学習に必要なことが明確に指示されなければならない。「2.学習者は方向づけが必要」では、1に比べると学習者は、講師からの援助が少なくても学習活動ができる。「3.学習者は援助を必要とするが、ある程度自己主導的」では学習者は何をどのように学ぶべきか決めることができるだけの経験や情報を持っている。ただし、動機づけや自信に欠けるところもあり、導入的に援助を要することがある。「4.学習者は少なくとも自己の方向づけと自己援助が可能」では、学習者は意欲的に学習活動に取り組み、自分の学習活動の義務も十分に理解できている。完全な自己学習では、学習者の自立性や自己決定性が必要となるため、学習者はそれらを管理するさまざまな能力を備えているということになる。

社会人としての大学や大学院での学びでは、自己主導型の学習スタイルが求められることが多い。特に、通信教育課程を利用する場合には、大部分を自律的に進めなければならない。トー（Tough, 1979）は、自己主導型の学習形態を選択する場合として、主に次のような留意点をあげている（遠藤、一九九八）。

・どのような詳しい知識や技術を学ぶのかを決定すること

・いつ学習を始め、いつ終わるか、どこで学ぶのかを決定すること
・学習のための時間を見つけること
・学習を始めるための動機づけを高めて開始すること
・自分の知識やスキルのレベルを考え、どの程度のレベルアップが必要かを考えること
・学習を妨げてきた要因を見つけたり、学習の仕方の不適切な面を探すこと
・学習のために人に頼んだりお金を溜めたり、準備が整えられること

本来、自律的に学習できるタイプの学習者でも、成人になり学習活動にブランクがある場合には、開始当初はなかなか学習ペースを

	方向づけの必要性 低い	方向づけの必要性 高い
援助 高い	3．学習者は援助を必要とするが、ある程度自己主導的 〔学習者主導型〕	1．学習者は方向づけと援助の両方が必要 〔講師主導型〕
援助 低い	4．学習者は少なくとも自己の方向づけと自己援助が可能 〔学習者主導型〕	2．学習者は方向づけが必要 〔講師主導型〕

横軸：低い ← 方向づけの必要性 → 高い／低い ← 依存性 → 高い

図 2-4　成人の学習形態の分類
（Pratt，1988：遠藤訳，1998 をもとに作成）

つかめないということや、一般的な講義スタイルの学習形態に躊躇したり抵抗を感じる場合もある。周りのサポートやアドバイスを活かしながら、焦らずに、少しずつ自分なりの学習スタイルを構築していくことが重要である。

ワーク2

大学（大学院）で学ぶ動機を探ってみよう！

①あなたは現在、何を目的として大学（もしくは大学院）で学んでいますか？（あるいは、学ぼうとしていますか？）五つ以上あげてみましょう。

②その目的（動機）に影響を与えた人物や言葉、もの、出来事、経験などはありますか。あるとすればどのようなことでしょうか。それぞれについて具体的にあげてみましょう。

第3章 社会人学生としての学び

1 ―― 社会人の学習参加

(1) 人生の出来事、転機と学びの動機

人生の移行期（ライフ・トランジション）や人生上の出来事（ライフイベント）は、成人が学習に向かう動機づけになる。アスラニアンとブリッケル（Aslanian & Brickell, 1980）の調査によれば、成人の学習者の83%は、過去、現在、将来の生活上の変化が学

習の理由となっており、残りの17％は、自分自身や社会のため、または学習が満足すべき活動であるからという理由により学ぼうとしていた。また、仕事の移行期と家族の移行期に関わる学習の理由は、それぞれ56％、16％を占めていた。こうした結果をうけて、アスラニアンとブリッケルは〝成人の人生スケジュールを知ること〟は〝成人の学習スケジュールを知ることである〟と述べている

本邦の社会人の入学動機を分析した研究では、小規模ではあるが、田中・向後（二〇一三）がオンライン大学に入学した社会人を対象に調査を行っている。社会人が学び直す動機として、ライフイベントの影響があるのかを検討したところ、上位から順に「子どもの手が離れた」「再就職や転職をした」「近親者との死別があった」「起業をした」「昇格をした」「移動や出向があった」「子どもに問題が起こった」「自己都合による退職をした」「子どもが生まれた」「結婚をした」などがあがった。その他を選択した者の中には、「東日本大震災で被災した」「癌になった」「障害者になった」などの出来事がきっかけとなったり、「四〇歳過ぎて何かの勉強に取り組みたい」「自分が諦めてきたことへのチャンス」など新しい可能性への挑戦、「転職をするための学位取得」「仕事での成果」

といった仕事に関連する理由があげられた。

人は人生上の何らかの移行期に差しかかったり、さまざまなライフイベントに遭遇したとき、学びの動機が高まり学習参加へとつながっていくことがうかがえる。また、成人の学習行動がこうした動機によって生じるということが、子どもや青年期までの学習との大きな違いでもある。社会に出るための準備として与えられる教育ではなく、社会の中で経験した出来事や実体験によって学びの種を得て、自発的に学ぶことが成人学習者、社会人学生の特徴である。

「キャリア」という語が、馬車の轍、人の歩みの軌跡を表す意味をもつように、人生の岐路に立った時、どちらの道を選ぶべきか、選んだ道をどのように歩めば良いのかといった問いに直面する。社会人にとって「学び」はその時の意志決定の手がかりや選択の一つになっていると考えられる。

(2) 学びの目的

成人の学習参加の動機志向を明らかにする初期の試みとしてフール（Houle, 1961）

の研究がある。彼は、成人を対象に行ったインタビューデータの分析から、三つの学習志向があることを明らかにした。一つめは、「目標志向」であり、学習者が教育を何らかの目標を獲得する手段として使うものである。二つめは、「活動志向」であり、学習者がその活動自体と人間関係のやりとりのために参加するものである。三つめは、「学習志向」であり、学習者が知識自体を求めているものである。その後、さまざまな研究者によって追試や量的研究が行われ、多少の違いはあるにせよフールの志向と似通った結果が得られている。一方で、研究の蓄積によって、成人参加のための学習動機は多く、複雑で、変化を受けやすいことも明らかになっている（Merriam & Caffarellam 1990：立田・三輪訳、二〇〇五）。

実際に、現代の日本の社会人はどのようなことを目的として、教育機関の門をたたくのであろうか。

大学入学情報図書館ＲＥＮＡ（一九九八）による社会人を対象に実施された大学へ入学する目的、動機に関する調査結果を図3-1に示す。「職業に必要な知識・技能を得たい」の割合が最も高く、六割を超えており、続いて研究目的や資格を得ての専門職への就職、教養を深めるといった目的がそれぞれ三割強となっている。

また、大学通信教育への入学の動機に関する調査結果（私立大学通信教育協会、二〇一三）を**図3-2**に示す。「職業上の知識・技術習得」が31・2％と最も高いが、「大学卒業資格を得るため」と「職業上の資格を得るため」がともに27・1％であり、いずれもおよそ三割程度となっている。

放送大学に入学した動機（複数回答）の結果では、「教養を高めるため、生涯学習のため」が最も多く、次いで「学位取得のため」、「再学習（学び直し）のため」、「職場でのキャリア・アップのため」、「資格取得のため」、「友人作りのため」と続いている（放送大学学務学習センター支援室、二〇一〇）（**図3-3**）。

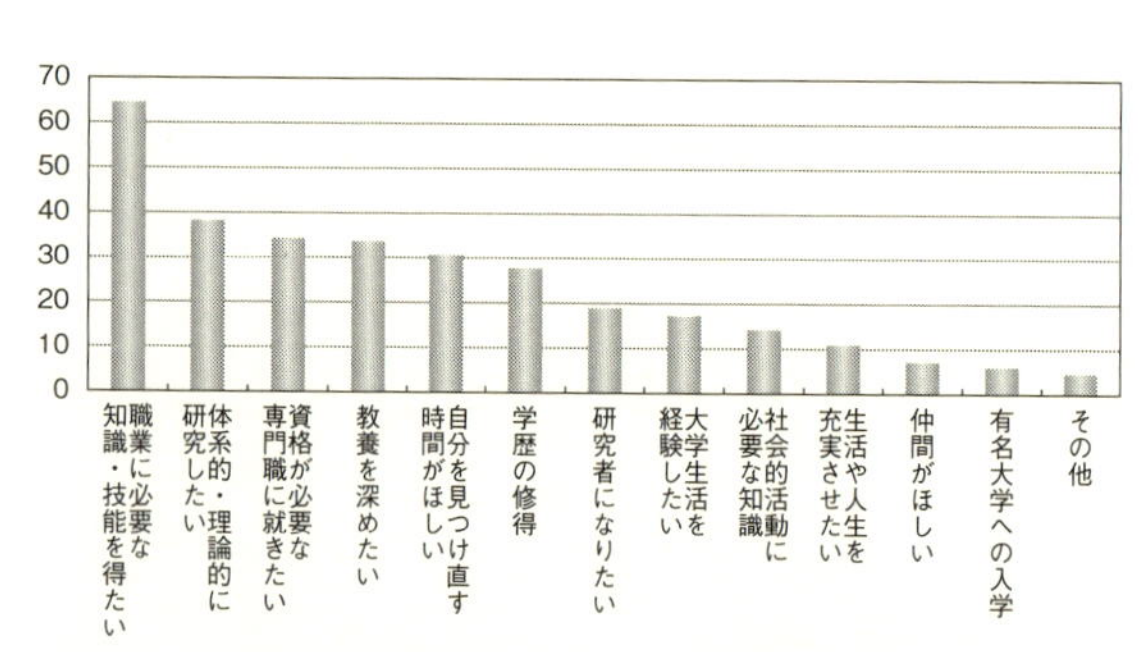

図 3-1　社会人の大学へ入学する目的、動機
（大学入学情報図書館 RENA による「開かれた大学への入学に関するアンケート調査」（1998 年実施）の結果をもとに安井，1999 が報告）

調査項目が異なるため単純な比較はできないが、職業上の知識や技能の習得など、職業に活かすための学び志向の高さがみてとれる。学位の取得や専門や職業上の資格取得に対するニーズも比較的高いといえる。また特に、通信教育課程の傾向に焦点をあてると、私立大学通信教育の学生が資格志向はあるのに対し、放送大学の学生は教養志向であることがうかがえる。その他、人生や生活の充実に対する志向や仲間を得るという人とのつながりを志向する傾向もみられる。

　こうした社会人学生を対象にした入学動機の測定尺度に関する研究も行われている。田中・向後（二〇一三）は、社会人のオンライン大学への入学動機を測定する尺度を作成し、三つの因子に

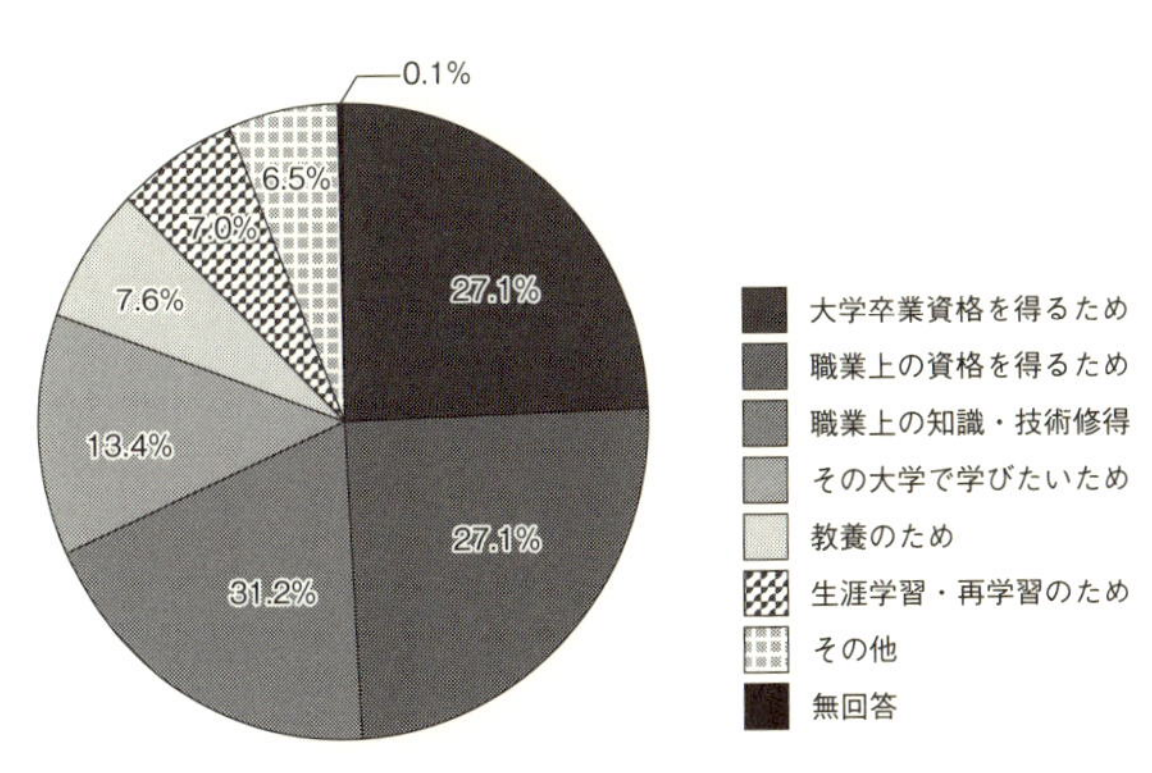

図 3-2　大学通信教育課程への入学動機
（私立大学通信教育協会，2013　※正規の課程のみ）

よってその内容が構成されることを明らかにした。一つめは、〝自分の可能性を試してみたいので〟、〝自分の時間を有効に使いたいので〟、〝自分が本当にしたいことを探したいので〟といった項目が含まれており「可能性と挑戦」の因子とされた。二つめは、〝一生つきあえる友達ができそうなので〟〝いろいろな人と知り合いになれそうなので〟〝楽しい大学生活を経験できそうなので〟などの項目が含まれおり「友人と人脈」の因子であった。三つめは、〝自分の仕事を学問的に見直したいので〟〝自分の仕事に役立ちそうなので〟などの項目が含まれたことから「仕事と専門」の因子とされた。

これらは社会人の大学入学動機ではあるが、働く動機(work motivation)と共通する要素があるのではないだろうか。働く動機は、基本的に「経済的動機」、「社会的

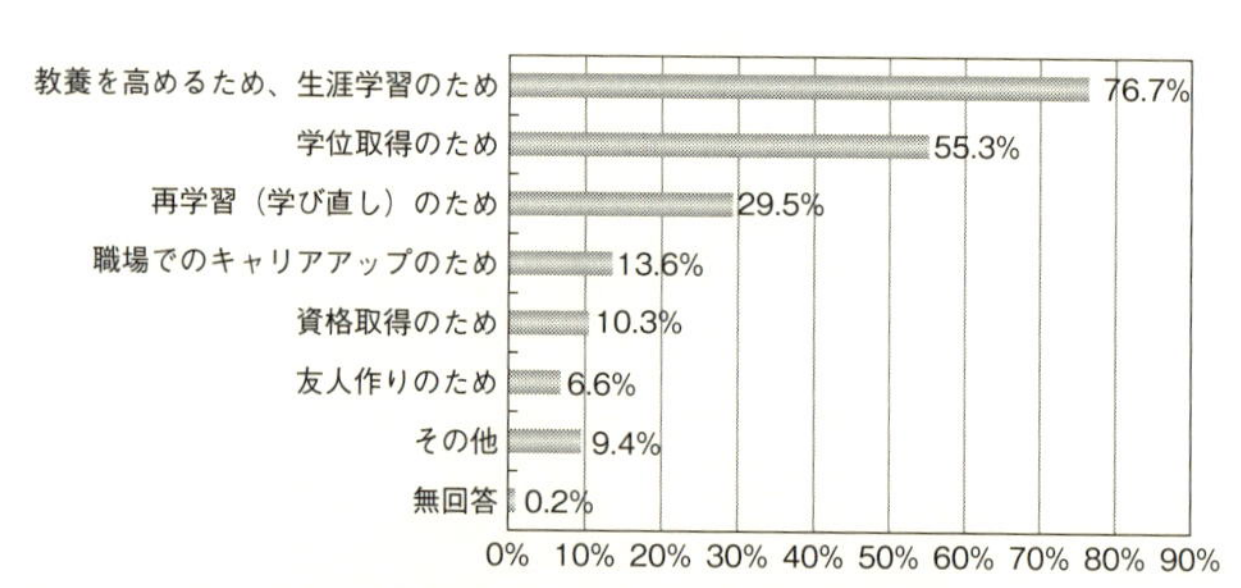

図 3-3 放送大学に入学した動機（複数回答）
（放送大学学務学習センター支援室，2010）

動機」、「自己実現動機」の三つがあげられる。「友人と人脈」は「社会的動機」と、「可能性と挑戦」は「自己実現動機」と対応しているとみなすことができる。「仕事と専門」は、仕事を収入を得る手段としたとき、それは「経済的動機」に直結するものととらえることもできるだろう。

したがって成人では〝働くこと〟と〝学ぶこと〟の潜在的なニーズは共通していることも考えられ、社会人がキャリアをデザインするうえで切り離して考えることはきわめて難しいといえる。むしろ双方の動機と行動が影響を与え合い、相乗効果をもたらすようにキャリアをデザインしていくことが望ましいと考えられる。

(3) 学習者層

社会人の多くは、自らの経験の中からさまざまに学ぶ目的、動機を持ち、自分自身の意志で学ぼうとしている。そうした社会人に対して、多様なリカレント教育や生涯学習機会の提供を目的とした教育プログラムの実施が進められている。

文部科学省（二〇一〇）は、社会人の受入れ促進に対する社会的要請に応えるという観点を特に重視した取り組みが広く行われるために、学習者層の学習目的に応じた教育プログラムの編成・実施を促進する必要性を述べている。特に、以下のような学習者層があげられている（表3-1）。

①の学習者層は、学びの動機の調査などからも、ニーズが高い層といえる。しかしながら、実際の学習参加に至りにくい個人的、環境的要因があることも指摘されているため、より学びやすい環境作りや工夫が必要となっていく。

②の学習者層は、今後一層のニー

表 3-1　大学就学が期待される学習者層（文部科学省，2010）

社会人に想定される学習者層	学習目的
①就業者のうち ・企業研修等で組織的に学修する者 ・自主的に大学に就学する者	・専門的知識・技能の向上 ・業務の高度化・現代化に伴う知識・技能の獲得（情報化、国際化、労働集約化、新規立法・制度への対応等） ・企業経営の中核を担うための職能開発　など
②職業生活への移行に困難をきたしている 20 ～ 30 代の若年層 ・入職後、短期間で離職した者 ・高等教育修了後に就業機会が得られなかった者	・就業に必要な職業知識・技能の習得　など
③子育て等に従事する女性のうち ・就業を中断後、復職等を希望する者（医師、看護師、保育士等の資格職業への復職希望者） ・新たに就業を希望する者	・復職希望者にあっては自らの職業に係る知識・技能の現代化 ・就業希望者にあっては就業に必要な職業知識・技能の習得 など
④定年退職等を迎えた高齢者	・職業経験を生かした起業（営利目的、社会貢献目的の双方を含む） ・就業の準備 ・地域参画活動の準備　など

ズの掘り起こしと積極的な支援が必要と考えられる層であり、ニートやフリーターの問題とも直結する。ニートとは、Not in Education, Employment or Training（NEET：就学、就労、職業訓練のいずれも行っていない若者）の略であり、若年無業者（一五〜三四歳の非労働力人口のうち、通学、家事を行っていない者）にあたる。厚生労働省（二〇一四b、二〇一五）の「子供・若者白書」によると二〇一四年のニート総数は五六万人であり、前年と比べて四万人減少している。これは若年層の人口自体が減少しているという要因や、年齢層別にみると、一五〜二九歳までの無就業者の減少によるものとみることができる。その一方で、三〇〜三四歳やニートの年齢の基準（三四歳）を超えても無業者の状態を維持したまま歳を重ねた人口は横ばいという状況である。また、フリーターについては、厚生労働省によって、〝十五〜三四歳で、男性は卒業者、女性は卒業者で未婚の者のうち、①雇用者のうち勤め先における呼称が「パート」か「アルバイト」である者、②完全失業者のうち探している仕事の形態が「パート・アルバイト」の者、③非労働力人口で家事も通学もしていない「その他」の者のうち、就業内定しておらず、希望する仕事の形態が「パート・アルバイト」の者〟と定義されている。二〇一四年のフリーターの数は、一七九万人であった。年齢階級別にみると、一五〜二四歳では減少傾向にあるものの、二五〜三四歳の年長のフリーター層は二〇〇九年以降増加傾向となっている。したがって、ニート、フリーターともに高齢化傾向にあるといえる。

したがって、社会人学生層の初期にあたる二〇代半ばから三〇代において、早期の学び直しや就業に必要な知識やスキルの習得へとつなげ、その後のキャリア・デザインが描けるような支援が求められる。

また、②の学習者層は、いわゆる七五三現象（就職して三年以内に中卒の七割が、高卒の五割が、大卒の三割が離職する現象）とも関係する層である。特に、高卒、大卒者の層が大学教育での学び直しの機会を活かし、自律的にキャリア・デザインができるような支援が期待される。

③④の大学就学が期待される学習者層は、人生の大きな一つのライフイベントを経て、今後何をしてどのように生きるかの岐路に立ち、次のキャリアに向かって準備を行っていくような層である。従来型の生涯教育の学習者層でもあり、これまでは子育てが終わってからや定年退職のあとになど、〝何かを終えてから〟学び直す人が多かった。しかし

ながら、最近は〝何かをしながら〟であっても大学に入学する人が増加しており、これがポスト生涯学習の特徴ともいえる。〝仕事をするか、大学で学ぶか〟や〝ライフイベントを優先するか、大学での学びを優先するか〟というような二者択一ではなく、〝妊娠中でも〟、〝子どもが幼少でも〟、〝子どもが受験期でも〟、〝勤めながらでも〟〝家族の介護があっても〟大学で学ぶ傾向へと移行している。さらに、最近では、選択定年制の導入により、従来型の定年退職者ではなく、より早期の中高年層における退職者の「セカンド・キャリア」の形成にむけた大学、大学院の教育プログラムも充実しつつある。

(4) 学習関心と学習行動

社会人学生は、人生における経験や体験と学びへの関心が密接に関係し合っており、学ぶ動機や目的もそうした経験、体験から自発的に湧いたものであることが多い。しかし、実際には学ぶことに関心はあるものの、さまざまな理由によって、いざ学ぶとなるとさまざまな理由により尻込みしてしまったり、学習行動につながっていないことも多々見受けられる。

何かを学ぶ場合に、その学びの相の表れ方は一つの連続体のように想定することができる。藤岡（二〇〇八）は、これを海に浮かぶ氷山にたとえた「学習関心の階層モデル」を提起している（図3-4）。

海面上に姿を見せている部分がすでに行動化している学習であり、これを「学習行動」と呼ぶ。海面下に隠れている巨大な部分は意識レベルにとどまっている学習であり、まだ行ってはいないが今後行いたい学習の「学習関心」である。まわりの海水部分は、その学習への関心がいまだに存在しない「無関心」の状態である。

さらに、行動化の可能性の大小によって「学習関心」は二つの層に分けられる。「顕在的関心」は、〝日常的に意識の表層にあり、行動化の可能性が高いもの〟であり、「潜在的関心」は、〝外部環境からの刺激や手がかり（たとえば学習内

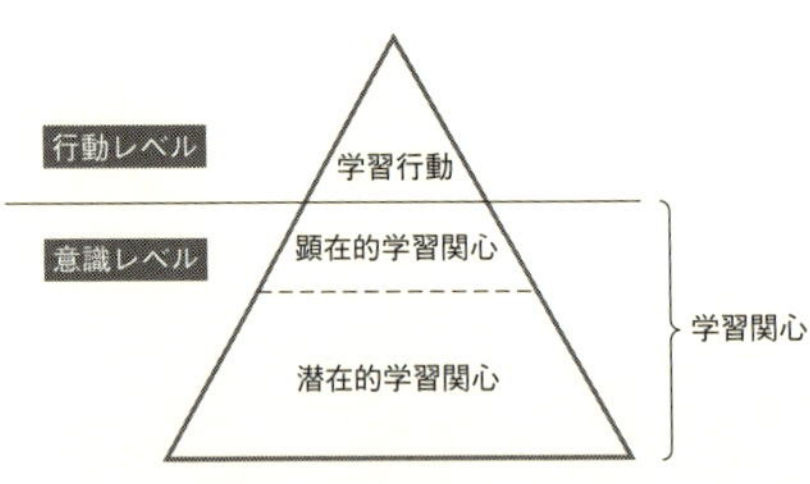

図3-4　学習関心の階層モデル（藤岡，2008）

容のリスト）を与えられてはじめて意識化されるもの〟である。このように二つにわけることで、学習ニーズを計量的に把握して予測の精度を高めることができるという。さらに、人びとの潜在的なニーズの存在を明らかにすることを通して、自分では気づいていない「必要としてのニーズ」を発見して、それを開発するための手がかりが得られるといえる（藤岡、二〇〇八）。

関・向後（二〇一二）の大学通信教育課程の卒業生を対象にした研究においても、社会人の入学動機では、顕在的要因だけでなく、学歴に対する引け目や挫折経験、生い立ちの中での体験など、それぞれの大学入学に至るまでのネガティブなライフイベントに付随する潜在的要因もあることが示されている。

成人教育理論の根幹でもある社会人の〝経験〟にもとづく学習動機は、その後の学習の糧になるものである。その健在的な要因のみならず潜在的なレベルの要因にまで目を向けて、その掘り起こしと行動が顕在化するための援助が今後さらに求められる。

2——社会人学生の学びにおける多様化と障害・対策

(1)社会人学生の学びの促進に向けた施策

社会人学生の学びの障害を克服するため、「リカレント教育」の推進や「生涯学習社会」の実現に向けて、社会に開かれた高等教育機関を目指し、社会人がより学びやすくなるような大学・大学院改革が進められてきた。

社会人を大学に受け入れる先駆的な試みとしては、一九七九年の立教大学法学部において「社会人入学」が始まったことがあげられる。これは、小論文や面接といった社会人が受験しやすい選考方法によって、高校生とは別枠で入試を行うものであり、「社会人特別選抜制度」ともいわれる。文部科学省の「学校基本調査」によると、この制度を設けて社会人を広く受け入れる大学は、一九八七年には、国立大学四一大学、公立二四大学、私立二二六大学であったが、二〇〇二年には、国立大学四九大学、公立三九大学、私立三三四大学へと増加している。

また、二〇〇二年の文部科学省中央教育審議会において「大学等における社会人受入れの推進方策について」の答申が出された。ここでの基本的な考え方は、以下の三つにまとめられる。

一つめは、「高度で先端的な知識や能力を修得することの必要性」である。二一世紀になり、社会・経済が高度化、複雑化し、グローバル化が進展している。そうした中で、情報通信技術などの科学技術が急速に進歩し、産業構造の変化や職業の多様化も著しく進んでいる。こうした状況に的確に対応し、一人ひとりが豊かで充実した人生を送るためには、仕事、生活ともに、高度で先端的な知識や能力を適時適切に修得することが必要である、と提起されている。そのためには、職業能力を向上させるための大学院における高度な再学習の機会の充実が求められる。

二つめは、「積極的なキャリア形成の展開の必要性」である。従来、わが国では長期雇用が中心であったが、近年そうした雇用環境は大きく変化しつつある。また、企業内での教育機会も減少している。しかしながら、社会構造や技術革新の急速な変化に対応するためには、すでに習得した知識や技術を維持、更新、一新するため、一人ひとりが自ら学習を行い、高度で多様な職業能力を身につけ、生涯にわたるキャリア形成に積極的、自発的に取り組んでいくことが求められている。そのための「リフレッシュ教育」を受けた者やそれらに裏打ちされた課題探求能力や問題解決能力に富む人材が、社会・産業界から求められている。そのような有益な人材を目指す教育を受けることへの個人からの要望も高まっている。こうした教育を受けることは、個人の〝雇用され得る能力〟すなわち「エンプロイヤビリティ」を高めることにつながるとともに、社会全体にとっては活力の維持につながる。

三つめとしては、「人々の多様な生涯教育需要の増大」があげられる。日本社会は急速に少子高齢化社会を迎えようとしており、労働力不足が今後の大きな課題である。六五歳定年制が進んでいるが高齢者の雇用が安定しているとはいえず、就業機会も不足しており、能力が十分に活かされているとは言い難い状況である。生涯学習の観点から考えると、高齢者の雇用促進につながるような学習の機会を増やしていくことが今後一層求められる。また、年齢、男女を問わず生涯を通して学び、教養を高めていくことができる学習機会を充実させていくことも必要である。文部科学省（二〇〇五）では、わが国の一八歳人口は一九九二年度に約二〇五万人であるのが直近の頂点であったが、二〇〇四年度には約一四一万人となり、二〇〇五年度からさらに減少し、二〇二〇年度まで約一二〇万人になるという推定がなされている。従来型の若年層の大学生を対象にした教育プログラムを展開していては大学機関自体が衰退の一途をたどることになる。大学教育機関は、多様な学生層を想定した高度かつ柔軟な教育プログラムを展開していかなければならず、まさしく転換期にあるといえよう。

これら三つの考え方に基づき、大学・大学院などの高等教育機関において、個々のニーズに対応した柔軟な学習の機会を幅広い年齢層に積極的に提供していくことが期待された。具体的な方策としては、学生が仕事や家庭など個人のさまざまな事情に応じて柔軟に学ぶことができるように、修業年限を超えて履修し学位等を取得する「長期履修学生制度」が導入された。また、高度に専門的な職業人を養成することと目的とした「専門職大学院制度」の創設が始まり、法科大学院、教職大学院などの専門職大学院が順次開設されるとともに「通信制の博士課程の制度化」といった大学院の改革も進められた。

二〇〇五年の文部科学省中央教育審議会の「我が国の高等教育の将来像」の答申では、「高等教育と生涯学習との関連」について、社会や学生からの多様なニーズに対応する大学制度と質の保証された教育の必要性が明確にされた。学部・大学院を通じて、学士・修士・博士・専門職学位といった学位を与える課程（プログラム）でのリカレント教育に対応した履修形態などの整備により、社会人の教育機会の充実をはかることが提言された。こうした流れの中で、二〇〇六年に教育基本法が改正され、第三条に「生涯教育の理念」が新たに規定されたのである。

二〇〇七年には、「社会人の学び直しニーズ対応教育推進プログラム」が導入された。これは、社会人の学び直しのニーズに対応するため、大学・短期大学・高等専門学校における教育研究資源を活用して、社会人のキャリア・アップや、出産・子育てなどで就業を中断した者の再就職、フリーターや無職者の新規就業支援、起業家支援など、多様な学習のニーズに対応した学び直しに役立つ優れた実践的教育プログラムの開発や普及を進めるものである。

同じく二〇〇七年に、「履修証明制度」も導入された。これは、学生を対象とする学位プログラムの他に、社会人などの学生以外の者を対象とした一定のまとまりのある学習プログラムである「履修証明プログラム」を開設し、それを修了した者に対して履修証明書を交付する制度である。「社会人の学び直しニーズ対応教育推進プログラム」は、「履修証明制度」や二〇〇八年に創設された「ジョブ・カード制度」の運用とも連動していくことが求められた。

二〇一〇年以降も文部科学省中央教育審議会において、「大学における社会人の受け入れの促進について」の方策の検討が継続的に重ねられている。二〇一五年三月には、教育再生実行会議で、〝大学、専修学校等は、社会人が職業に必要な能力や知識を高める機会を拡大するため、社会人向けのコースの設定等により、社会人や企業等のニーズに応じた実践的・専門的な教育プログラムの提供を推進する。こうした取り組みを支援、促進するとともに、大学等における実践的・専門的なプログラムを認定し、奨励する仕組みを構築する〟との提言がなされた（文部科学省、二〇一五b）。これからはさまざまな経歴を持った人一人ひとりが、社会の担い手として能力を発揮できるような全員参加型社会を実現していくことによって、持続的な国の成長が可能になると考えられている。そのために、社会人となった後も、すべての人が、いつでも、どこでも、学び、輝き続ける社会を実現していくことが目指される。また、「女性活躍」、「非正規職員のキャリアアップ」、「中小企業活性化」、「地方創生（地域活性化）」などに焦点化されたプログラムを拡大・奨励していくことになる。これらは、これまで社会人の学び直しプログラムとしては注目されてこなかったが、職業に必要な能力の修得に役立つプログラムとして重要視されている。具体的には、大学が設置する社会人の学び直しのためのプログラムの認定制度を設け、実

表 3-2　社会人の学び促進のためのさまざまな制度（文部科学省，2015a）

制度	概要
社会人特別入学選抜	社会人を対象に、小論文や面接などを中心におこなう入学者選抜
夜間・昼夜開講制	大学等の正規の授業科目のうち、必要な一部分のみについてパートタイムで履修し、正規の単位を修得できる制度
長期履修学生制度	学生が職業を有しているなどの事情により、就業年限を越えて一定の期間にわたり計画的に履修し、学位を取得することができる制度
通信制	通信教育をおこなう大学学部、大学院修士・博士課程および専門学校
専門職大学院	高度専門職業人養成に特化した実践的教育をおこなう大学院
大学院における短期在学コース・長期在学コース	大学院の年限を短期または長期に弾力化したコースただし、短期在学コース制度は修士・専門職学位取得課程のみ
履修証明制度	社会人を対象に体系的な教育プログラム（120 時間以上）を編成し、その修了者に対し、大学・専修学校等が履修証明を交付できる制度
サテライト教室	大学学部・大学院の授業をキャンパス以外の通学の便の良い場所で実施する取り組み
大学公開講座	大学等における教育、研究の成果を直接社会に還元し、地域住民等に高度な学習機会を提供する講座

務家による授業やインターンシップなど、企業と連携した実践的な教育内容となっているかなどを審査し、適合する講座を認定する。修了者には大学が証明書を授与することで魅力を高め、学び直しの場の広がりを後押しする。

このように、社会人が大学、大学院において学びやすくするために、さまざまな方策が弾力的に進められており、大学や大学院での社会人の学びの機会や形態は多様化している（表3-2）。

(2) 社会人学生の学びの動向と障害

昨今の著しい社会変化に伴って社会人となった後も、人生のさまざまな時期や領域において学習の必要性が感じられ、もう一度学び直したいという意欲が人々の中に高まりつつある。

首都圏の働く社会人を対象にした調査では、三割弱の人が勤務時間以外に仕事に役立つ学習を行っており、その一週間の平均学習時間は3・7時間であった。特に、業務委託の形態で働く人の平均学習時間は6・2時間であり、三割弱が一週間に「一〇時間以上」

学習を行っていた（リクルートワークス、二〇一四）。

学びたいと考える社会人の中で、大学や大学院での学びに対するニーズも高い。大学卒業以上の学歴を持つ社会人を対象にしたに調査結果では、89％の人が、再教育を「受けたい」または「興味がある」と回答しており、その再教育で利用したい教育機関としては、「大学院」が46・4％、「大学（学部）」が19・5％と回答の上位を占めていた（職業能力開発総合大学校能力開発研究センター、二〇〇五）。社会人が大学等において修得したいと考える能力は、先端的な専門知識を修得することや現在の仕事を支える広い視野を得ることなど、多様なものとなっている。

また、実際に学んでいる社会人の数も増加している。大学における社会人入学者は、公開講座や短期の教育課程も含めると増加傾向にあり、二〇一〇年度にはおよそ一二〇万人と推計された（**図3-5**）。

大学への社会人入学者数のうち、公開講座を除いた人数は、二〇〇〇年をピークに二〇〇八年度まで減少したが、履修証明プログラムが拡大されたことによって二〇〇九年には五万人まで増加した（**図3-6**）。

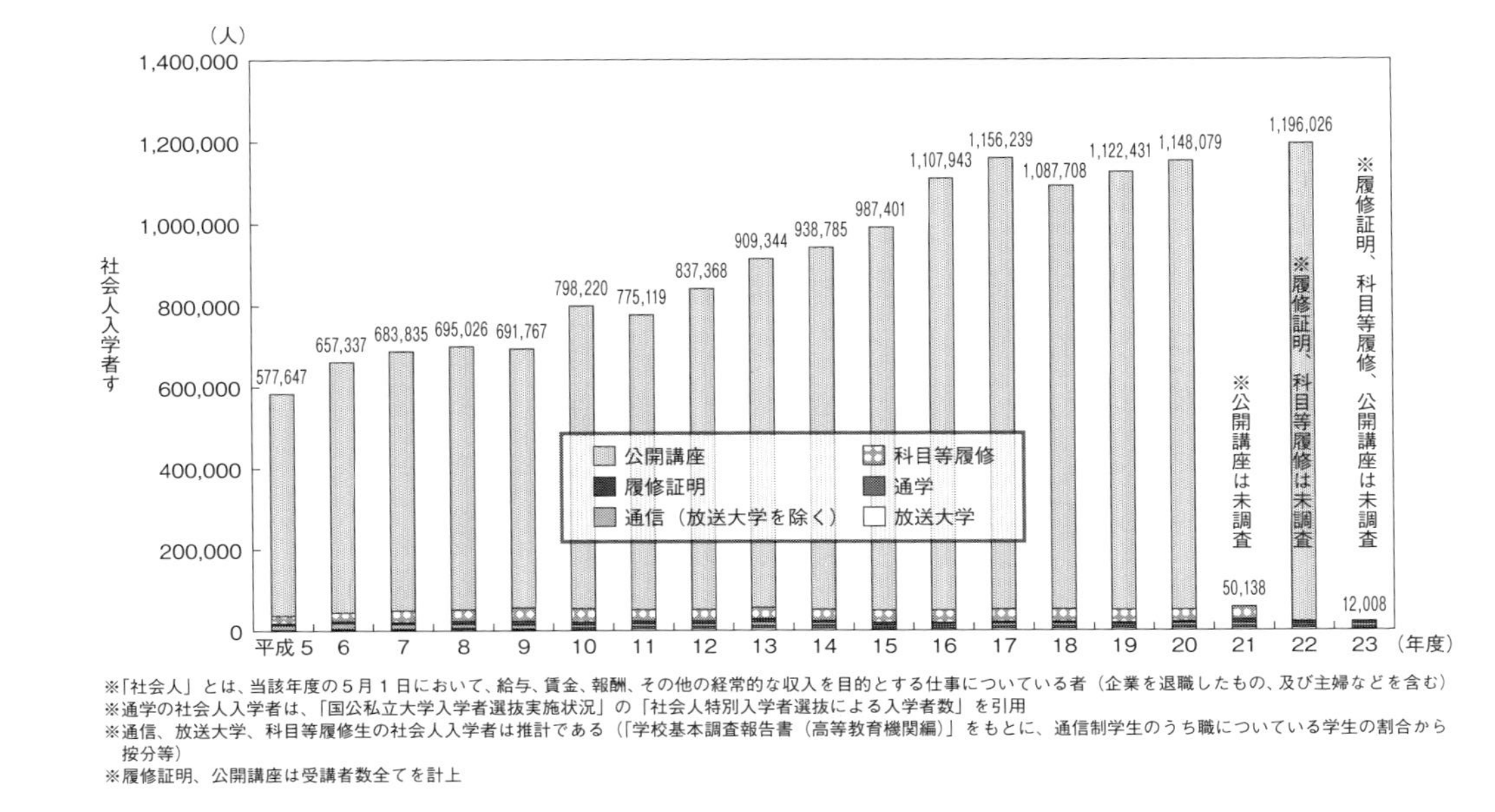

※「社会人」とは、当該年度の5月1日において、給与、賃金、報酬、その他の経常的な収入を目的とする仕事についている者（企業を退職したもの、及び主婦などを含む）
※通学の社会人入学者は、「国公私立大学入学者選抜実施状況」の「社会人特別入学者選抜による入学者数」を引用
※通信、放送大学、科目等履修生の社会人入学者は推計である（「学校基本調査報告書（高等教育機関編）」をもとに、通信制学生のうち職についている学生の割合から按分等）
※履修証明、公開講座は受講者数全てを計上

図3-5　社会人入学者数（文部科学省，2012が「学校基本調査」等をもとに作成）

このように社会人の大学や大学院といった高等教育機関での学びのニーズは高く、実際に学ぶ人数も増加傾向にあるものの、諸外国に比べるとこの実数はきわめて低い。高等教育機関への進学における二五歳以上の入学者の割合が諸外国では二割程度であるのに対し、わが国では約2％である（**図2-2　高等教育機関への進学における二五歳以上の入学者の割合〈国際比較〉**を参照）。その理由には、働きながら、あるいは社会人としての多種多様な役割を持ちながら学ぶことに、さまざまな障害があることがうかがえる。

具体的にどのような障害があるかの調査では、たとえば、リカレント教育を受講するうえで想定される課題としてあげた六つの項目について、複数回答形式で回答を求めたところ、「仕事が忙しい」、「費用負担が大きい」という時間的要因と経済的要因が上位にあがり、ともに70％を超えていた（**図3-7**：職業能力開発総合大学校能力開発センター、二〇〇五）。

また、大学院に入学するにあたり何が大きな障害になるかについても調査がなされている。**図3-8**にある五つの項目に対して、〝決定的な障害〟〝ある程度の障害〟〝障害ではない〟のいずれかに回答を求めたところ、「勤務時間が長くて十分な時間がない」、「費用が高

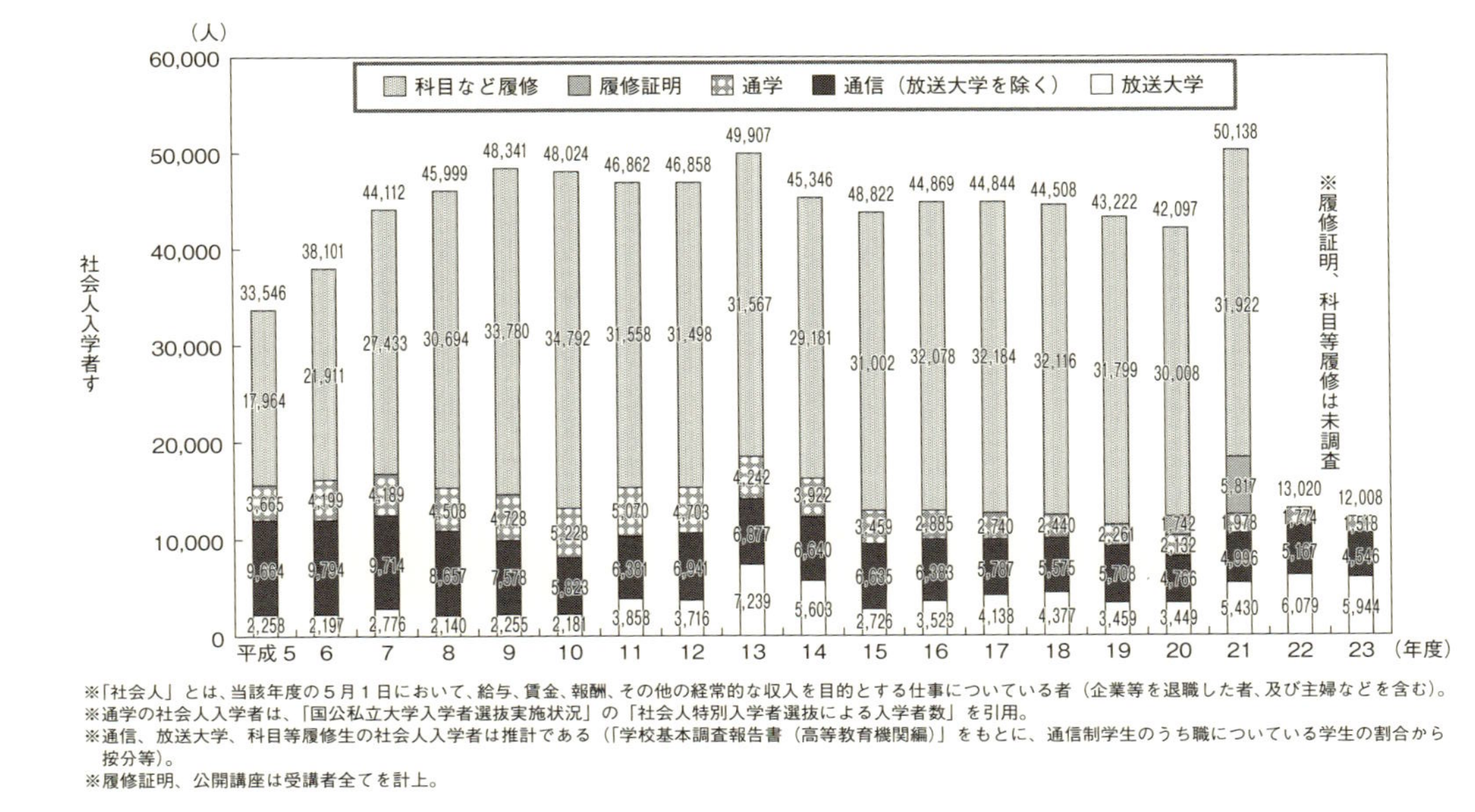

※「社会人」とは、当該年度の５月１日において、給与、賃金、報酬、その他の経常的な収入を目的とする仕事についている者（企業等を退職した者、及び主婦などを含む）。
※通学の社会人入学者は、「国公私立大学入学者選抜実施状況」の「社会人特別入学者選抜による入学者数」を引用。
※通信、放送大学、科目等履修生の社会人入学者は推計である（「学校基本調査報告書（高等教育機関編）」をもとに、通信制学生のうち職についている学生の割合から按分等）。
※履修証明、公開講座は受講者全てを計上。

図 3-6　社会人入学者数（公開講座を除く）（文部科学省，2012 が「学校基本調査」等をもとに作成）

すぎる」については、〝決定的な障害〟とする回答の割合がそれぞれ54・1％、52・4％と高く、これに〝ある程度の障害〟を加えると全体の八割以上を占めていたことから、この二項目が大学院入学への大きな阻害要因なっていることがわかった。他の項目についても〝決定的な障害〟と〝ある程度の障害〟を合わせた割合でみると「職場の理解が得られない」は71・5％、「処遇の面で評価されない」は66・2％、「自分の要求に適合した教育課程がない」は56・3％といずれも半数以上の人が障害と考えていることが明らかとなった

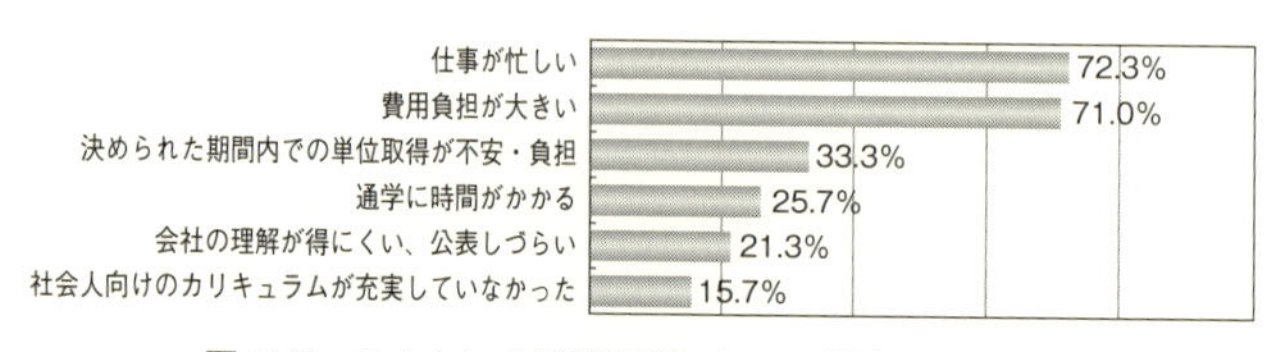

図 3-7　リカレント教育受講において想定される課題
（職業能力開発総合大学校能力開発研究センター，2005）

表 3-3　大学院入学における障害
（東京大学大学院教育学研究科大学経営・政策研究センター，2010）

	決定的な障害	ある程度の障害	障害ではない
自分の要求に適合した教育課程がない	14.0	42.3	40.6
勤務時間が長くて十分な時間がない	54.1	31.6	11.8
職場の理解を得られない	31.8	39.7	25.7
費用が高すぎる	52.4	35.4	9.5
処遇の面で評価されない	23.7	42.5	30.9

（東京大学大学院教育学研究科大学経営・政策研究センター、二〇一〇）。

同調査において、在職者の大学院への修学に対する事業所としての方針について尋ねたところ、「原則として認めない」が43・0％で最も多く、次いで「上司の許可を得ることを条件とする」（27・7％）、「勤務条件などで配慮する」（17・7％）、「能力開発の一環として奨励する」（14・2％）などの順となっている。原則として社員の大学院修学を認めていない企業が半数となっている。実際に、過去三年間に従業員を大学院へ送り出した企業は8％であった。大学院の授業料を負担した者は、「自己負担」が87・8％と最も高かった。それ以外では、「所属企業が負担した」場合は12・1％、「大学が負担（給付型奨学金など）」が5・4％、「政府が負担（教育訓練給付金など）」が1・6％と続いている。（早稲田大学、二〇〇九）。したがって、大学、大学院ともに、〝時間的要因〟と〝経済的要因〟が学びへの足かせになっていることが明白である。

しかし、学びへの意欲はあるものの、具体的な学習活動に結び付いていない理由は他にもいくつか想定されている。たとえば、「希望する分野の学習機会がない」、「学習機会が身近にない」、「専門的なレベルの学習機会がない」といった個々のニーズに合った学びの機会自体が不足しているという問題である。また、「適切な学習情報がない」といったように、いくら良い教育プログラムを作り上げたとしても、それを提供する側の情報提供が適切でなければ、本当に必要としている学習者に活用してはもらえない。他にも、「具体的きっかけや仲間が見つからない」「家族や職場の協力が得られない」「子どもや家族の世話をする人がいない」「学習の成果を生かす場や機会がない」「ついつい怠惰になってしまう」といった要因があがっている（文部科学省、一九九二）。

より高度かつ専門的な知識やスキルの修得を求める社会的な要請がある一方で、そのための支援や障害を緩和する施策は、社会人学生およびこれから学ぼうとする潜在的な社会人学生に広く浸透しているとは言い難い。

(3) 大学通信教育での学び

さまざまな学びの場の中でも、情報化社会の著しい発展により、ますますその需要の高まりが推測されるのは、「インターネットや情報端末」を利用した学習形態、すなわちｅラーニング（e-Lerning）である。二〇〇一年に「e-Japan 戦略」が発表され、各世帯への急速なインターネットの普及を目指したことが、社会全体のeラーニング拡大の後押しにもなった。

わが国の二〇一三年末のインターネット利用者数は、前年末より三九二万人増加して一〇〇四四万人（前年比4・1％増）、人口普及率は82・8％（前年差3・3ポイント増）となった。端末別インターネット利用状況をみると、「自宅のパソコン」が58・4％と最も多く、順に「スマートフォン」（42・4％）、「自宅以外のパソコン」（27・9％）となっており、「携帯電話」が24・5％であった（総務省、二〇一四a）。したがって、家でも外でも、いつでもどこでもさまざまな情報にアクセスできるツールとして、インターネットや情報通信端末は私たちの身近な存在となっている。

こうしたeラーニングの環境を活用した大学の学びの一つとして、「大学通信教育」[2]がある。「大学通信教育」の歴史は古く、昭和二二年に学校教育法によって制度化され、

2　「通信教育」には〝correspondence〟という文書による通信の意味を内包する語があてられていたが、最近では、メディアのツールが発達し遠隔でも教育プログラムが受けられる点が重視され〝distance learning〟という語に置きかわりつつある。

昭和二五年には正規の大学教育課程として認可された。すなわち、戦後間もなくから現在まで、六〇年以上にわたって実施されている教育システムである。当初は、アメリカの通信教育制度と同様に、郵便を使用する通信授業とともに通学課程と同じキャンパスで授業を受ける面接授業（スクーリング）を重視したものであったが、近年はインターネットを通じたeラーニングによる学びが主となっている。

大学院においても、一九九九年四月より修士課程の通信教育が始まり、二〇〇三年四月には博士課程も開設された。大学通信教育を周知、普及するとともに、大学通信教育の充実のために質の維持と向上に務めるための公益財団法人として、私立大学通信教育協会も創設されている。同協会によると二〇一五年七月現在、四三大学、二七大学院、一一短期大学が通信教育を実施しており、全国でおよそ二四万人がそれぞれの興味、関心、動機に合わせて学んでいる。

一般的なeラーニングには多くの利点がある（青木、二〇一二）が、大学通信教育に着目した場合には、特に次のような利点があげられる。

①学習場所や時間が柔軟に選べること

社会人学生が学ぶ中で障害の上位には〝時間的要因〟と〝経済的要因〟があげられているが、eラーニングによる大学通信教育は、学習者の都合のよい時間に、都合の良い場所で学習を行うことができる。インターネットに繋いだオンラインの状態を要する必要がある場合以外は、時間や場所の制約は非常に少ない。

②学習履歴が残ること

eラーニングでは、WBT（Web Based Training）のシステムが多く活用されている。これを活用することにより、教育機関と学習者の間で、システム上に残る学習履歴の情報を確認、共有することができる。

③自分のペースで学習が進められること

自分の好きなペース、自分に適したペースで学習を進めることができる。時間をかける部分の学習と速く進める部分の学習など、調整が可能となる。

④復習することが比較的容易であること

教材にいつでもアクセスすることができるので、何度でも繰り返し学習を行ったり、戻って復習をしたりすることができる。またオンライン等で質問の受付を行っていれば、疑問を感じたときにすぐ質問をすることができる。

⑤保守、管理、更新の容易さ・コストの低さ

印刷教材やビデオ教材など、自学自習に向いている学習教材は多々あるが、eラーニングの教材や教育プログラムは更新することが比較的容易であることが多いため、移りゆく社会情勢に合わせた最新の内容に随時更新していくことができる。また、受講者が多ければスケールメリットも多く、実際に通学制に比べて通信制のほうが学費が低い大学、大学院も多い。

⑥学習者中心の学習

従来の教育・研修プログラムが教える側の都合によって提供されていたが、eラーニングは、どのような学習方法で学ぶか学習者側がどのように学ぶかという決定権が比較的多く与えられており、学習者中心主義の学習を行っていくことができる。具体的には、本学の例をあげると、一つの科目の講義でも、メディア授業で受講するか、あるいは実際に数日大学に通学しての集中講義で受講するか、場合によっては、レポー

トやテストのみで単位がとれるような方法で学習するか、など学習方法が選択できる科目なども用意されている。

仕事やさまざまな仕事と両立させながらいつでも、どこでも、だれもが学べる大学通信教育は、リカレント教育の場の一つとして今後その発展がますます期待されている。一方で、以下のような点には留意が必要である。

①学習者に自律性が求められること

ｅラーニングは学習者の都合のよい場所、時間で行うことができ、自分のペースで学習が進められるという利点がある反面、学習者が自律的に学習を進めていかなければならない。学習の場所、時間の確保が必要であり、学習者自身でモチベーションを維持しながら、学習を継続していかなければならない。

②ｅラーニングに関する技術的要因

情報通信のツールが発展している分、それらを使いこなす技術的な要因によって学習の質や効果が左右されることがある。ｅラーニングを提供する側も使いやすいツールや学びやすい手段を提供する責任がある。技術的なサポートは学習をサポートすることにもなるため、それらへのバックアップ体制を整えておくことが必要である。学習者自身も情報通信ツールを使ううえでのスキルアップに努めていくことが求められる。

③学習者のリテラシーを高めること

ｅラーニングではＩＣＴ（Information and Communication Technology）に依存する部分が大きいため、学習者のＩＣＴに関するリテラシーもある程度必要となってくる。まったくパソコンなどを触ったことがない人が、いきなりｅラーニングを始めることは困難である。ｅラーニングでどのようなアプリケーションを使用するにせよ、そのアプリケーションの操作方法に対する一定の理解は、学習するうえでの前提条件として必要である。

大学通信教育は、印刷教材等による授業、放送授業、面接授業（スクーリング）、メディアを利用して行う授業の四つが主な学びの方法となる。メンターやコーチと呼ばれるサポート員が、学習の相談や支援に応じたり、教職員が直接個別面談などに応じサポートすることもある。また、通信は個人学習が主ではあるが、地域ごとに勉強会などのグループが形成され、自発的に学習活動を行い親睦を深めていることも少なくない。近年は、SNS（Social Networking Service）の普及も目覚ましいため、それらを使い、遠隔でつながりながら学生相互の交流も活発に行われている。

通信教育では、モチベーションの維持が大きな課題となるが、これらのさまざまなツールや機会を積極的に活用することによって、通信教育は孤独な学びではなくなる。さらに、距離を問わない新たな人との出会いが生まれ、人生に豊かさが生まれていく。

ワーク3

学びの障壁、課題を乗り越えよう！

①あなたにとって大学（大学院）で学ぶことを困難にしている課題（環境的要因や個人的、心理的要因など）はありますか？

（　はい　・　いいえ　）

②（①の「はい」）回答者に対して）それは何ですか？　また、それを克服するために、今できそうなことや行っていること（対処）はありますか？

㈹大学で心理学を学びたいが通う時間がとれない

→（対処）通信制の大学を探す、職場のシフトを変えられるか相談してみる

※対処が見つけられていない場合には、本書を通して考えていきましょう。

※①で「いいえ」と回答した人も第3章でとりあげたさまざまな学びの障壁、課題の中からいくつか選び、自分ならどのように乗り越えるか（乗り越えたか）、考えてみましょう。

第4章 キャリア理論へのアプローチ

1 ── キャリア発達とキャリア開発

〝career development〟には、「キャリア発達」と「キャリア開発」の二つの訳があてられる。そもそもこの違いは、〝development〟が自動詞であれば〝発達する〟と訳され、他動詞であれば〝発達させる、開発する〟と訳すことによる。しかし、渡辺（二〇〇七）は、日本語では両者の間には、キャリアへの関わり方としての違いがあると考え、その結果、心理学を背景とする人々は「キャリア発達」と訳し、経済学、経営学を背景とする人々は「キャリア開発」と訳していることに着目した。こうした視点を参考にそれぞれを具体的にみる。

キャリア発達とは、職業・職務上の経験をある特定の方向に積み重ねることで、知識や技能を獲得していくことなどを意味しており（山本、二〇一〇）、個人を主体とした概念である。また、キャリア発達は、発達心理学における一つの応用領域ととらえられており、個人の行動の一側面としての職業（キャリア）行動、すなわち職業との関わり方という〝主観的〟側面に焦点があてられている（渡辺、二〇〇七）。

さらに、キャリア発達には、三つのキャリア発達が考えられる。「組織内キャリア発達」は、一つの組織の中での移動や経験を通してキャリアを発達させていくものである。「組織間キャリア発達」は、転職や他の事業場への出向など、組織から組織への移動を伴ってキャリアを発達させていくものである。さらに「組織外キャリア発達」とは、組織外の資源を使ってキャリアを発達させることである。自発的に大学や大学院といった教育機関を使って専門的知識を習得して仕事に活かすことなどはこの例である。

キャリア発達について、より広義の視点からとらえた定義もみられる。スーパー（Super, 1957：日本職業指導学会訳、一九六〇）は〝自分自身にとっても満足であり、また社会にとっても利益であるように、自己概念を現実に転じること〟と定義している。また、高橋（二〇一三）は、〝生涯にわたる自分と環境との相互作用を通じて、内的キャリア（興味・関心や価値観、自己概念など）を確立しつつ、それに見合うような外的キャリア（能力・スキル、職業、職務、役割など）を獲得して、自己実現をしていく過程〟がキャリア発達であると述べている。

これらのことからキャリア発達は、職業人としての知識やスキルといったものの成長、発達を想定しているだけではなく、そうしたプロセスの中で個人の内的側面の変化とともに、自己実現にむかっていくことを意味している。すなわち、生涯発達の視点からとらえるキャリアの考え方がそのままキャリア発達に含まれているといってもよいだろう。

他方、「キャリア開発」は、キャリア発達とほぼ同義で用いられる場合も少なくないが、より組織と個人の関係性や相互作用を重視した概念であり、両方を主体としている。

しかし、「キャリア開発」は、〝キャリアに対する主体性と能動的な働きかけをイメージさせる（平野、一九九九）〟という見方もあり、企業が主体となって組織が従業員のキャリア発達を直接的に援助したり、促進させることを意味する場合もある。渡辺（二〇〇七）も、「キャリア開発」においては、キャリアを人間の関わる対象としてとらえ、キャリアの〝客観的な〟側面に重点を置いている見方を示している。

組織や企業における「キャリア開発」のためのさまざまな制度や手続きのことはCDP（career development program）と呼ばれる。このCDPは、具体的には、管理者とメンバーの間で行われる「目標管理」を基盤として、「個別支援」と「教育研修」「人事制度」によって支えられており、自律的キャリア支援のためには、こうした多角的、長期的な観点からの人材マネジメントが求められる。しかし、組織側の意向を主として実施されるCDPも多く、個人の意向が尊重されなかったり、納得がいかないまま実施されたりすることで、形骸化していく危険性もはらんでいる（高橋、二〇一三）。

これらのことから、「キャリア発達」と「キャリア開発」では、〝キャリア〟を育てる主語は誰か、キャリアを誰の目線でとらえているか、といった点に着目することが重要な切り口となる。さらに、両者の中には、キャリアという語を通して人をどのような対象とみるか、という人間観の違いが含まれているともいえるだろう。

2――キャリア理論

(1)キャリア理論の全体像

前節でみたように渡辺（二〇〇七）は、キャリア理論を「キャリア発達」の理論として提起し、各研究者の理論の概観を鳥瞰図にまとめた（図4-1）。研究者がキャリア行動を理解する際に何に着目するかというアプローチの違いから、①特性論（マッチング）からのアプローチ（個人特性と職業〈仕事特性〉のマッチングに焦点化したもの）、②発達論からのアプローチ（職業選択の一時点に留まらず生涯に渡るキャリア発達に焦点化したもの）、③精神力動からのアプローチ（個人差の中でも直接観察できない欲求、動因、無意識に着目したもの）、④学習理論からのアプローチ（遺伝的特性や環境に加えて、学習経験の影響を重視したもの）という四つに分類した。さらに、職業選択の過程における個人の意思決定とそのプロセスに焦点化した意思決定を軸としたアプローチなども展開されている。その中から、本書では、キャリア理論の主要な研究者八人の理論を概観する。

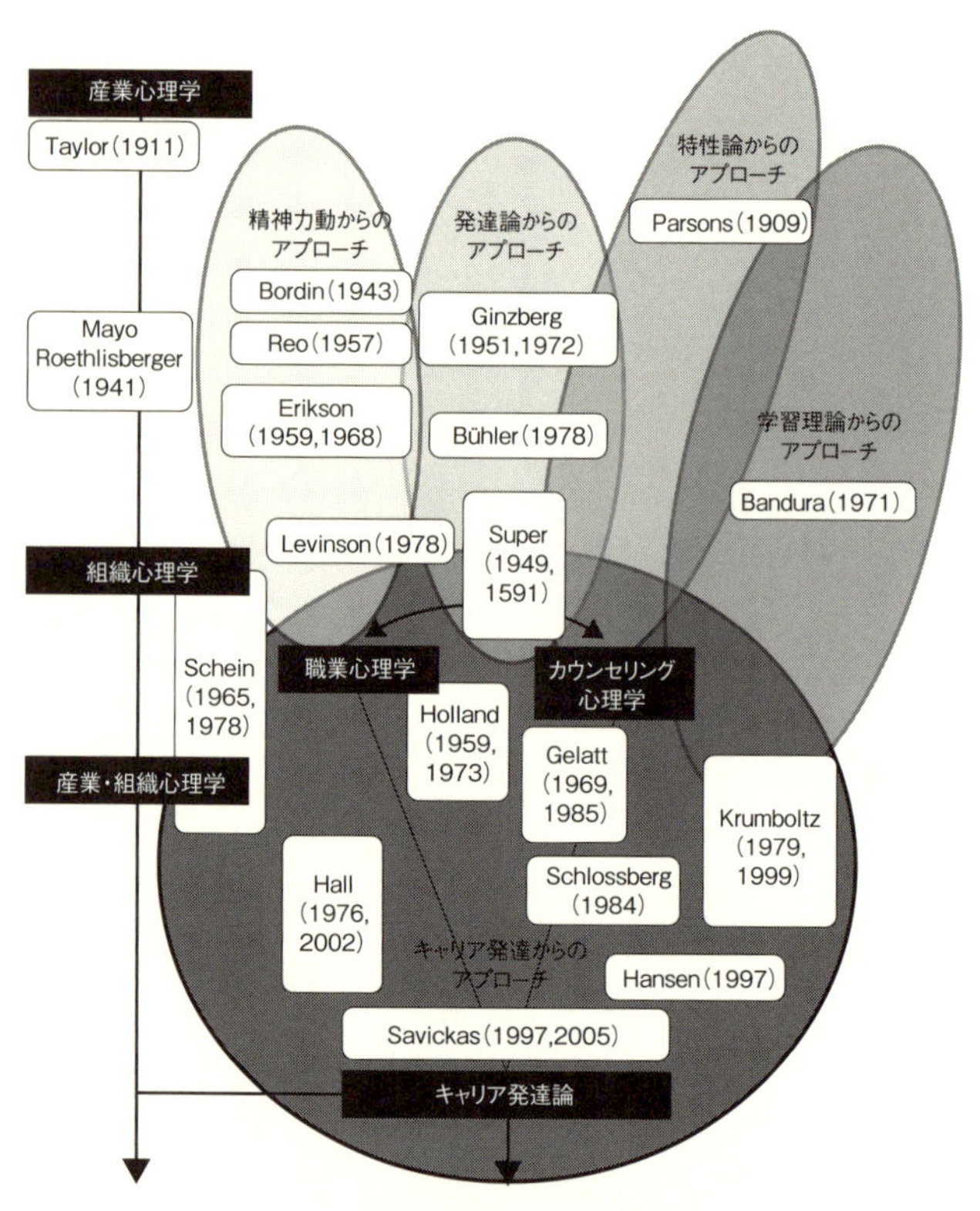

図 4-1　キャリア発達理論の鳥瞰図（渡辺，2007）
※（　）内の年号には代表的な研究発表年が示されている

(2) 個人特性と職業のマッチング：スーパーの理論

スーパー（Super）は、生涯発達という時間軸からキャリアをとらえる理論を構築した。その中心概念は、「自己概念（アイデンティティ）」「職業適合性」であり、スーパーはこれらの考えを14の命題という形でまとめた。スーパーは、特性因子論と自己概念理論を統合させてキャリア発達をとらえた。そして、クライアントがどのような自己概念を持っているかはキャリアカウンセリングにおいても重要なカギになると考え、実際のカウンセリングに役立つ知見としてまとめあげていった。さらに、スーパーは、「ライフ・ステージ」や「ライフ・キャリア・レインボー」を示し、キャリア発達の中に時間軸や役割軸を取り込んで理論化した。

① 職業的（キャリア）自己概念

スーパーは、自己概念を発達、実現させていくプロセスが職業的（キャリア）発達であるととらえている（図4-2）。ここには「個人が主観的に形成してきた自己概念（主観的自己）」と「他者からの客観的なフィードバックによって形成された自己概念（客観的自己）」が含まれている。

職業的自己概念は、この自己についての主観的視点と客観的視点との関係および自己を取り巻く環境との関係の中で形成されていくものである。岡田（二〇〇七）はその関係を模式化した。客観的自己の形成には、他者や社会からのフィードバックが重要である。また、環境そのものを自己の中でどのようにとらえているか、その環境の中で自己をどのようにとらえているかといった視点の中で、現実と自己との間で統合したりすり合わせるプロセスを経ながら、自己概念が形成されていくのである。

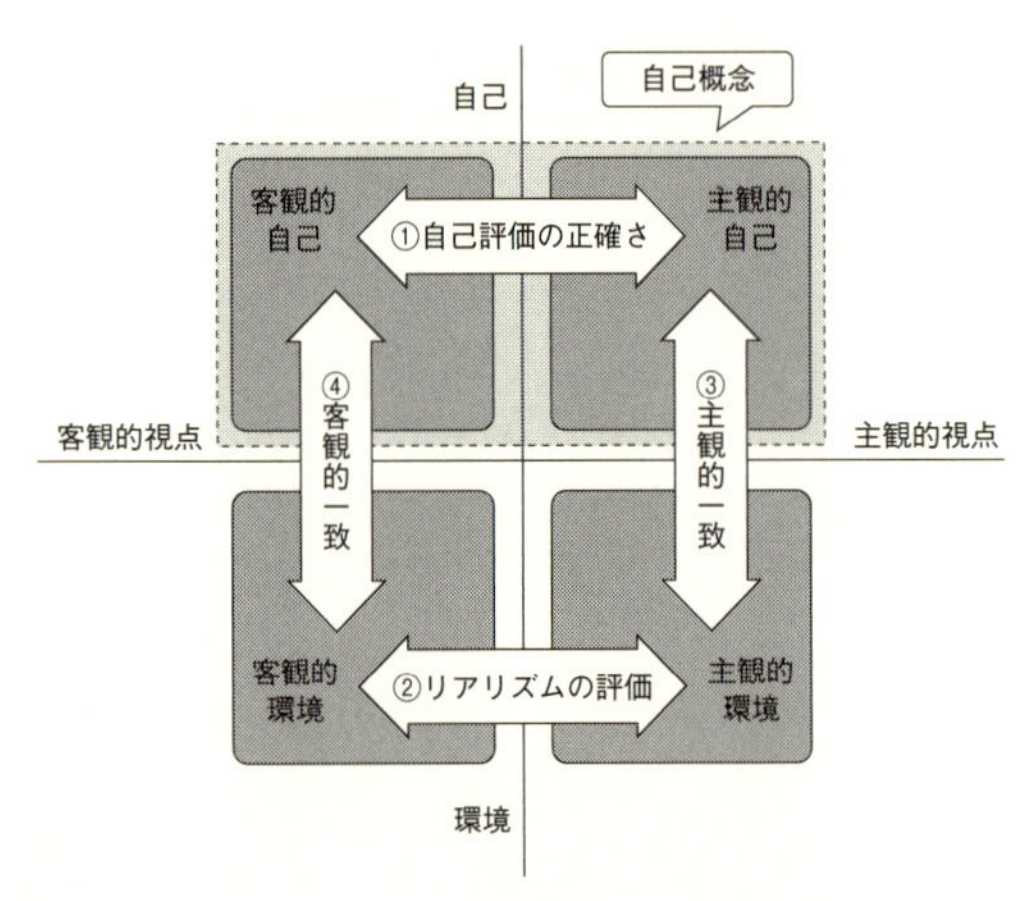

図 4-2　スーパーのキャリア自己概念の模式図（岡田，2007）

②職業適合性

スーパーは職業的自己概念とともに人と職業の適合性を重視している。自己概念の考え方で主張しているように、自己概念は自分自身の自己に対する見方だけでは形成されず、環境との相互作用の中で形成されるものである。よって、個人の特性と仕事に必要とされる特性を静的、固定的に一対一でマッチングさせるのではなく、より動的にとらえ、客観的な視点からも適切に評価したうえで職業適合性を考えていくことを重視した。

職業適合性をその下位次元に位置するさまざまな諸特徴について模式化されたものが**図4-3**である。適性とは〝将来何ができるか〟〝今後達成されるか〟といった開発的な概念を含んでいる。それに対し、技量は〝現在何ができるか〟といった視点から現在到達している状態を表す概念とされる。

③ライフ・キャリア・レインボー

ライフ・キャリア・レインボー（**図4-4**）の中には、キャリア発達を〝時間〟軸からとらえた「ライフ・スパン」と〝役割〟軸からとらえた「ライフ・スペース」の二つの次元が含まれている。

「ライフ・スパン」とはレインボーの外側の弧に描かれているものであり、五つの発達段階（キャリア・ステージ）が設けられている。「成長段階」は主に幼少期、学童期、思春期が相当し、「探索段階」は青年期、「確立段階」は成人期、「維持段階」は中高年期、「解放段階」は老年期にあたる。各段階には、**表4-1**で示したような発達課題が想定されており、それを越えていくことでキャリアを発達させていくと考える。この一連のサイクルは「マキシ・サイク

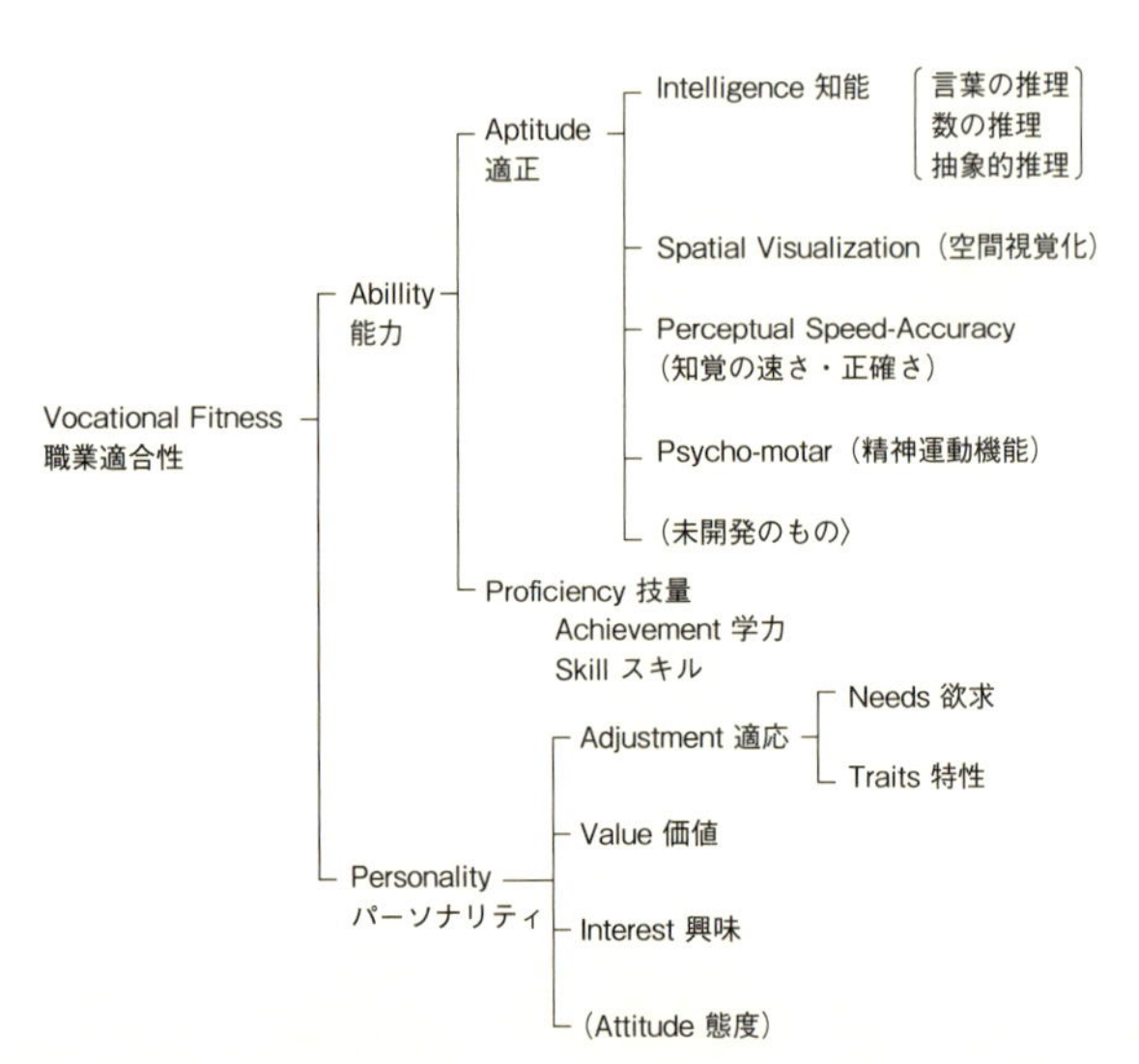

図 4-3　スーパーの職業適合性（Super, 1969 をもとに岡田, 2007 が作成）

ル」と呼ばれるが、転職や移動、定年などの変化のたびに、新たなミニサイクル「新成長―新探索―新確立」が発生する。マキシ・サイクルの中でミニ・サイクルがらせん状に繰り返されることでキャリアが発達していくと考えられている。

「ライフ・スペース」とは、レインボーの内側に描かれているキャリアの役割のことである。この〝子ども〟〝学生〟〝余暇人〟〝市民〟〝労働者〟〝家庭人〟という六つの主要な役割は「ライフ・ロール」ともいわれる。この役割を演じる場である劇場の舞台として、家庭、地域社会、学校、職場などがあげられる。個人はその劇場の舞台で、

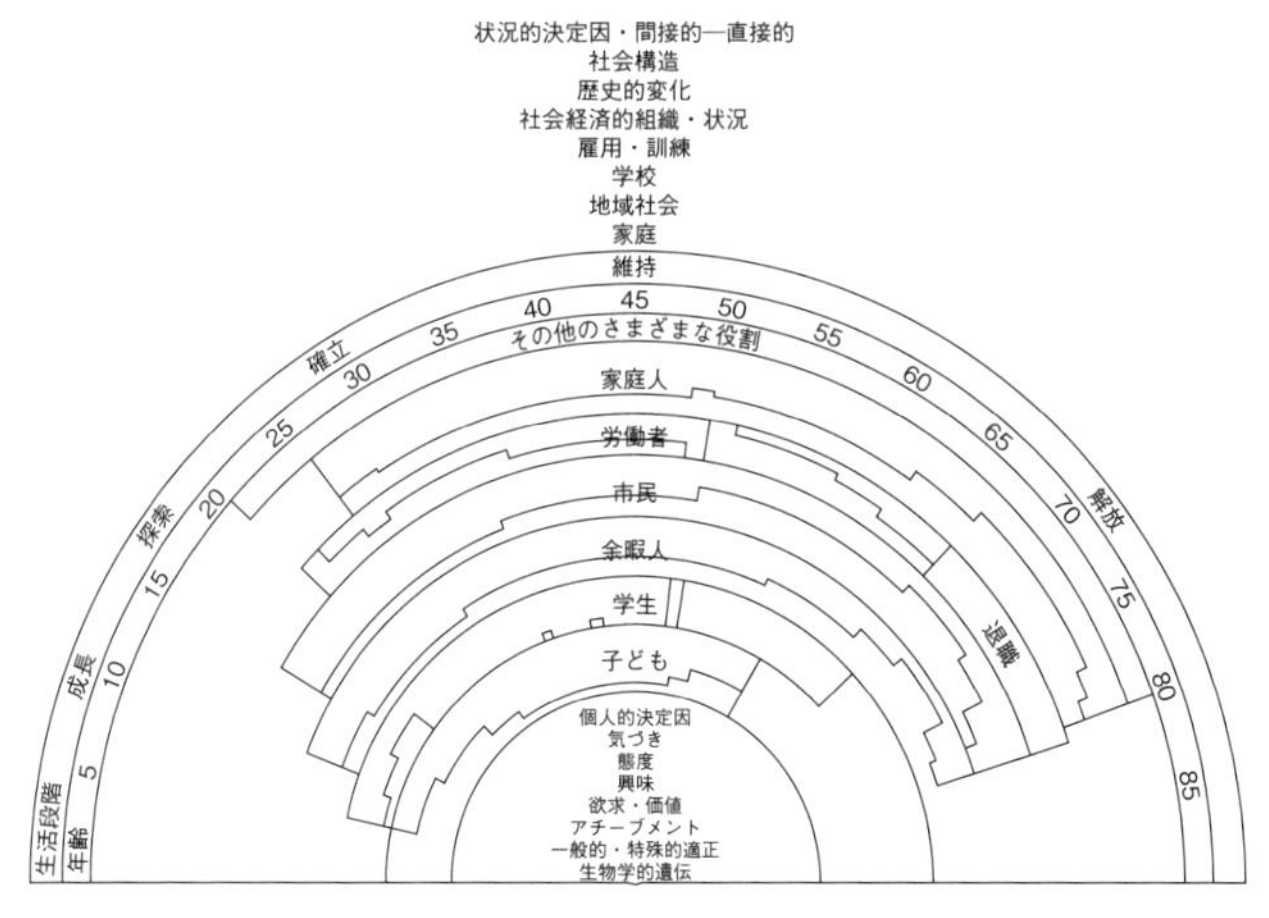

図 4-4　ライフ・キャリア・レインボー（Nevill & Super, 1986）

同時にいくつかの役割を演じることになる。その役割の始まりと終わりのおおよその時間やエネルギーの量が、レインボーの内側の帯に描かれている。たとえば、働きながら子育てをする年代には、「家庭人」「労働者」としての役割に多くのエネルギーを要することになるが、子どもの自立とともに「家庭人」の役割はやや減っていくことにもなるだろう。しかしながら、それとバトンタッチするかのように、親の介護の問題などが生じてくることもあり、四〇代後半から五〇代にかけて再び「子ども」の役割が増えているのがみてとれる。

それぞれの年代における多様な役割をバランスよく保ちながら生きていくことが、キャリアを〝一生の間で個人が演じる役割の結合と連続である〟ととらえるスーパー（Super, 1980）のキャリア観そのものといえる。

表 4-1　スーパーのキャリア・ステージと発達課題
（Super, 1957 日本職業指導学会訳, 1960 および Super, 1990 を参考に作成）

成長段階 （～ 14 歳頃）	他者との関わりを通じた現実的な自己像の形成段階。
探索段階 （15 歳～ 25 歳頃）	希望の職に就くための機会の創出、自己理解の発達、社会における自己の場所の発見段階。
確立段階 （25 歳～ 45 歳頃）	新たなスキルの開発、家庭や社会における役割の確立段階。
維持段階 （45 歳～ 65 歳頃）	職業上の発達した地位や家庭、社会における役割の維持、自己改革の段階。
解放段階 （65 歳頃～）	職業生活からの引退、引退後の生活段階。

(3) 環境と個人の相互作用：ホランドの理論

ホランド（Holland）は、個人のパーソナリティ特性と仕事環境との相互作用が個人のキャリア選択において重要な機能を果たすと考えた。個人と職業をマッチングさせる特性因子論的アプローチの理論家ととらえられることがあるが、ホランドはあくまで人と環境の相互作用の中でキャリアが発達するととらえており、自分自身の理論を「構造的—相互作用論」としている。また、特定の職業とそれに従事する人のパーソナリティ特性やその形成過程には類似した点が多くみられることを見い出し、「パーソナリティタイプの発達」と「パーソナリティ間の相互作用（六角形モデル）」についてまとめた。個人は自分自身のパーソナリティと適合した社会的環境で仕事をすることで、安定した職業選択や高い職業満足感が得られると考えたのである。

① パーソナリティタイプの発達

図4-5は、ホランドのパーソナリティ・タイプの発達を仮説として図示したものである。遺伝から下向きの矢印によって示されている流れのとおり、通常発達は活動から行動傾

向へと進んでいくのである。その中で、個人が楽しむ活動や好む活動は、幼児期におけるさまざまな活動から発達していくと考えた（図4-5）。また、遺伝による違いが、活動の選択や好みを強める傾向に影響を及ぼすと想定されている。すなわち、子どもが初期に関わる活動は、その後の興味や能力にも影響を与えるものであり、それらが特徴のある行動傾向や自己概念の形成を作り出していくと仮定した。また、半円ループが示すように、ある特定のタイプの人はそのタイプに対応した活動をより多く経験したり、そのことによって、さらに対処能力やその結果としての報酬を得ることで、

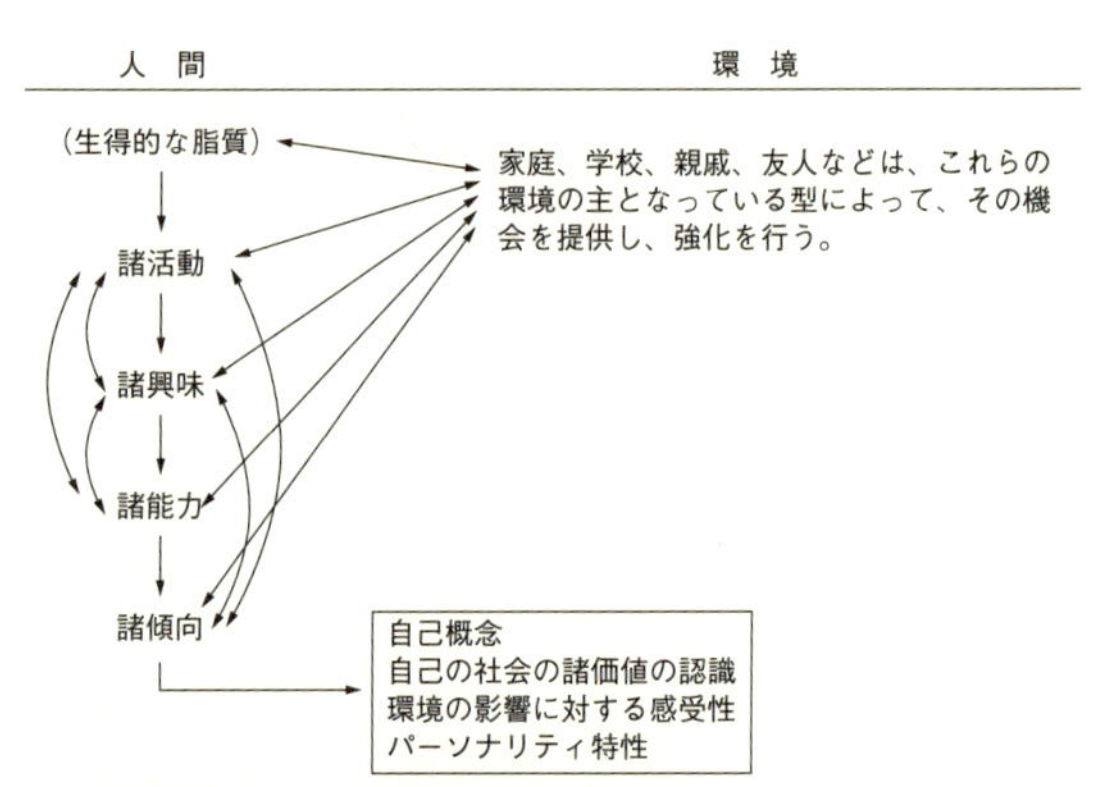

図4-5　パーソナリティ・タイプの発達
〔Holland, 1985：渡辺, 2007 が作成〕

ますますそのタイプの人を創り上げていくと考えられる。

たとえば、両親が優秀なマラソン選手である場合に、子はその遺伝的な素質を受け継ぐとともに、小さいころから両親と〝走る〟活動を多くしたとする。両親がマラソンに興味を高めていったように、家族で一緒に走るという経験が子にとって走ることの楽しさを感じる経験となる。その結果、子はマラソンへの興味を高め、練習にも意欲的に取り組んでいったことで走ることが速くなり、その能力も高まるといえる。結果として、学校でも長距離選手に選ばれたり、大会で入賞したり社会的な報酬を受ける機会も増えることが想定される。すると、〝マラソンが速い自分〟という自己概念の形成や厳しい練習を乗り越えるのに必要なパーソナリティ・タイプを持つことにつながっていくと考えることができる。

②パーソナリティ・タイプ間の相互作用

（六角形モデル）

ホランドは、さまざまな経験を通して形成されたパーソナリティが職業的なパーソナリティにつながると考えた。こうしたパーソナリティは、六つのタイプで構成されると考え、これを「六角形モデル」にまとめ、それぞれのタイプの特徴を明らかにした（図4-6、表4-2）。

このモデルによると、タイプ間の類似性は、図4-6に表現されるタイプ間の距離に反比例すると仮定される。すなわち、タイプ間の距離が短いほど双方のタイプの類似性は大きくなる。たとえば、現実的タイプと研究的タイプは隣にあるため類似しているといえる。これは各タイプの頭文字二つを組み合わせてＲＩというコードとなる。隣り合う文字によるコードは一貫性のあるコードという。すなわち、その人のもつ興味、関心、特徴などに類似性が多く一貫性があるため、適した仕事が見つけやすい。一方、現実的タイプと社会

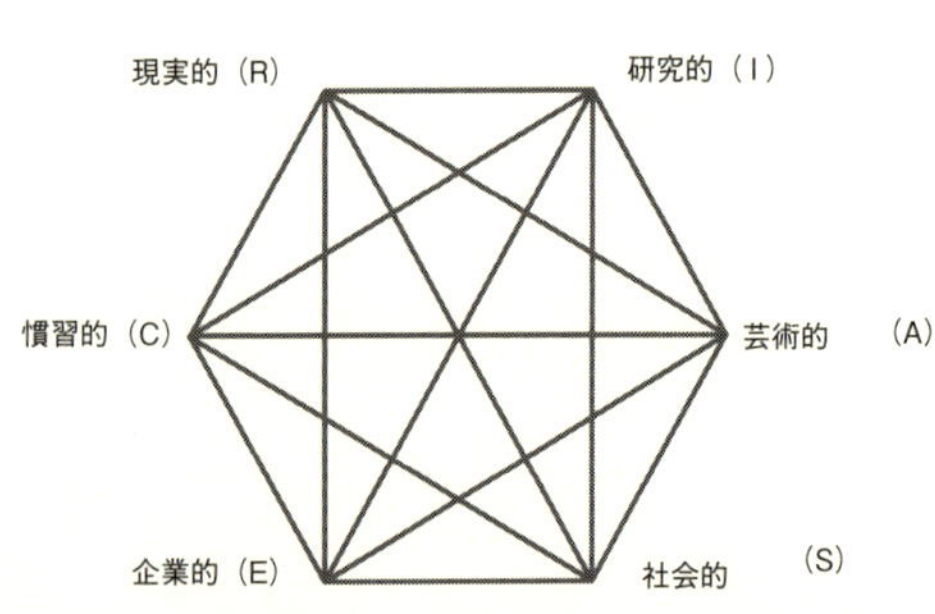

図4-6　職業的なパーソナリティ・タイプ間の相互作用
（Holland, 1997　渡辺ら訳, 2013）

表 4-2 職業的なパーソナリティ・タイプの内容
(Holland, 1997：渡辺ら訳, 2013)

タイプ名	内容	特徴	職業例
現実的タイプ (Realistic)	物、道具、機会、動物などを対象とした明確で秩序的かつ体系化された操作を伴う活動を好む。逆に、教育的、治療的活動を好まない。	独断的、誠実な、控えめな、目立たない、粘り強い、頭の固い、実利的	電気技師、整備士、技術職など
研究的タイプ (Investigative)	物理的、生物学的、文化的なさまざまな現象を、実証的、抽象的、体系的、創造的に研究することを好む。逆に、社会的活動や反復的な活動は好まない。	分析的、自立的、注意深い、知的、合理的、批判的、内気	科学者、医療技術者など
芸術的タイプ (Artistic)	芸術的作品の想像を目的とした物質的、言語的、人間的な素材を扱う操作をともなうような構造化されていない活動を好む。逆に、具体的で秩序だった活動は好まない。	想像力に富む、直観的、非実利的、開放的、独創的、感受性が強い	芸術家、デザイナー、作家など
社会的タイプ (Social)	情報伝達、訓練、教育、治療、啓蒙といった他者に影響を与えるような活動を好む。逆に、道具や機会を操作するような秩序だった、体系化された活動は好まない。	協力的、共感的、社交的、親切な、機転がきく、友好的、温かい	教師、カウンセラー、看護師など
企業的タイプ (Enterprising)	組織目標の達成や経済的利益を目的とした他者との交渉をともなう活動を好む。逆に、観察的、抽象的、体系化されたような活動は好まない。	精力的、強気、冒険的、野心的、熱心、外交的、自信家	営業職、管理職、人事職など
慣習的タイプ (Conventional)	組織の目標や経済的目標の達成のために、データや資料を秩序的、体系的に扱うような活動を好む。逆に、自由で体系化されていない活動は好まない。	用心深い、順応的、規律正しい、倹約家、事務的、融通が利かない、徹底的	会計管理、秘書、事務職など

的タイプは対角線上にあり距離が遠く、非常に異なる傾向をもつことを意味しており、一貫性のないコードとされる。パーソナリティの形成過程において、さまざまな経験をし、影響を受けてきたことが予想される。対角線上の職業はまったく異なる特性を必要とするため、適した職業をみつけることが困難な場合がある。また、現実的タイプと、芸術的タイプは中程度の類似度ということになる。

ホランドは、個人がどのタイプに属するかを測定できる「職業興味検査（Vocational Preference Inventory：VPI）」を開発し、日本でも翻案が活用されている。ホランドは職業も同様に類型化している。

(4) キャリア・ダイナミクス：シャインの理論

シャイン（Shein）は、キャリアとは〝生涯を通しての人間の生き方、表現である（shein, 1978：二村・三善、一九九一）〟と述べており、個人のキャリアはさまざまな要素が絡み合って発達していくと考え、自らの理論をまとめている。シャインは、「組織心理学」という語を生み出したことでも有名であるように、キャリアを個人の視点だけからとらえるのではなく、個人と組織の相互作用から個人のキャリア発達をとらえることの重要性を強調した。ここでは、シャインの主要な概念である「三つのサイクルの相互作用」「組織内キャリアの三次元」「キャリア・アンカー」について述べる。

①三つのサイクルの相互作用

シャインは、人生には「生物学的・社会的サイクル」「仕事・キャリアサイクル」「家族関係サイクル」という三つの領域があり、これらが相互に影響しあって個人が存在していると考えた。サイクルのいずれかだけを取り出して存在することはできず、他のサイクルで何が起こっているかも考えることが重要である。

各サイクルには、それぞれ山（障害か選択点を意味）と谷（日常的に機能する平穏な部分）があり、**図4-7**のようなダイアグラムで示される。それぞれの課題（山）が同時に起こるか間隔をあけて起こるかによって個人への影響は異なる。たとえば、大学卒業後、就職と結婚が重なる場合には、「仕事・キャリアサイクル」「家族関係サイクル」が重なりあうことになり、個人は相当な時間や労力を要することになる。この場合、個人はどちらかのサイクルへの関与を弱めることで対処するか、仕事・家族の間のコンフリクト（葛藤）に対して、まったく別の新しい解決策を見い出すことによって対処することが想定される。

「生物学的・社会的サイクル」「家族関係サイクル」と「仕事・キャリアサイクル」において、前者二つのサイクルは、加齢にともなって家族内での役割が変わっていくといくため互いに大きく影響し合う。また、「仕事・キャリアサイクル」は辞職といった形で離れることができる。

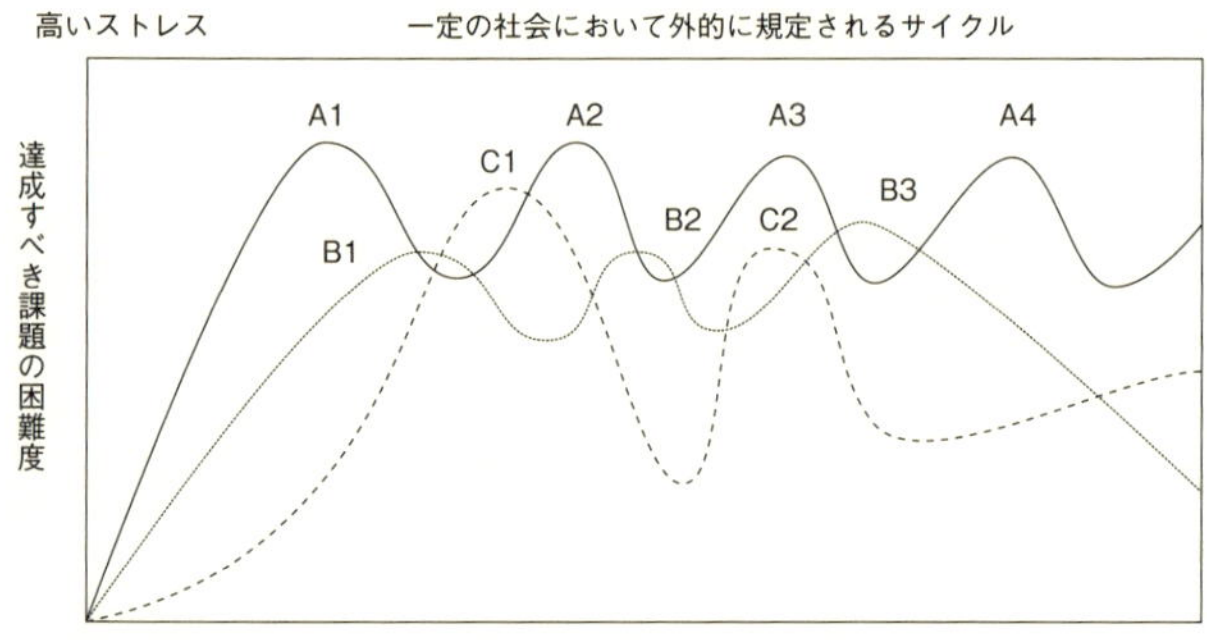

A ―― 生物学的・社会的サイクル	B ……… 仕事・キャリアサイクル	C ---- 家族関係サイクル（新家族）
A1：青春期	B1：キャリア／組織へのエントリー	C1：結婚、子ども
A2：30代の危機	B2：在職権の獲得	C2：子どもの成長
A3：中年の危機	B3：引退	
A4：老年の危機		

主な仮説：個人の有効性は課題の全体的困難度が再興の場合に最低になるが、
困難度が高いほど急速に成長するための大きな機会も生まれる。

図 4-7　三つのサイクルの相互作用モデル
（Shein, 1978[3] より 藤原, 2011 が作成）

しかし、「家族関係サイクル」におけるさまざまな役割（子ども、親などの役割）は、多くの場合その役割を辞める、離れるということはできないものであり、「生物学的・社会的サイクル」も自分自身の生物学的、社会的加齢による変化は受け入れざるを得ないものである。これらの点が、サイクルを区別する際の相違にあげられる。

シャインは、各段階の年齢幅も大きく、これらのサイクルは目安に過ぎないとも述べているが、自分自身のキャリアを見つめ直す際の手がかりとして有用といえる。

②組織内キャリアの三次元

シャインは、組織内キャリアには、「外的キャリア」と「内的キャリア」という概念を示している。職務経歴や職業といった客観的に、外的に把握される仕事に関するキャリアが「外的キャリア」にあたる。外的キャリアでは、組織内の三つの移動によってその次元を説明することができ、**図4-8**のような円錐で示される。一つの次元は、階層次元である。これは、垂直的なキャリアの移動にあたる。たとえば、昇進や昇格などの移動

3　シャイン（Shein, 1978：二村・三善訳、一九九一）では、「生物社会的ライフサイクル」「仕事／キャリアのサイクル」「新家族のサイクル」と訳されている。

である。二つめの次元は、職能・技術次元である。この次元は、水平的なキャリアの移動にあたる。たとえば、販売↓製造↓マーケティングなどのように部門間の境界を横断するような移動である。ジョブローテーションはこの動きに相当する。三つめの次元は、円内あるいは核に向かう移動である。経験を重ね、組織内で信頼を得ることによって、組織にとっても自己の重要性が高まることを意味する。一定の階層水準内にあっても、経験、信頼によって一層中心的な存在となり、部内者化することもある。また、これらの次元は一般に独立ではなく、相

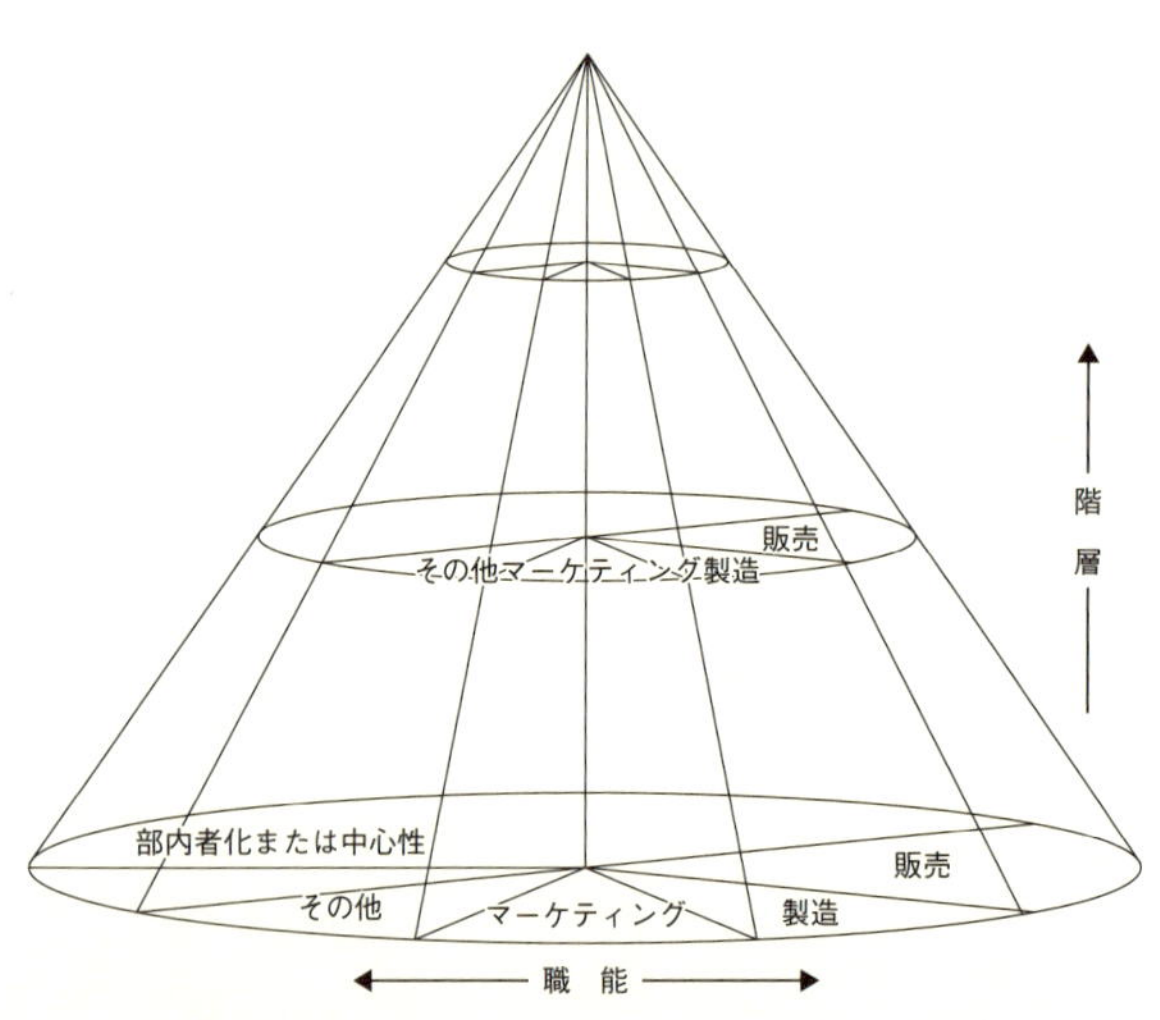

図 4-8　組織の三次元モデル（Shein, 1978：二村・三善訳, 1991）

互に関連し合う。

この外的キャリアと同様に、さまざまな教育、仕事経験を重ねる中で、内的キャリアについても進展させていくことが個人に求められる。シャインの意味する内的キャリアとは、〝個人がキャリアにおいて主観的に遭遇し、経験する段階と課題〟であり、外的キャリアのどの段階であっても自分の仕事人生の中で、自分は仕事人生の中でどこに進んでいるのか、どのような役割を担っているのかについて有している主観的な感覚である（藤原、二〇〇七）と説明される。それぞれのキャリアについて、満足感や達成感が得られているかといった点からの振り返りも重要である。

③キャリア・アンカー

内的キャリアを進展させていくことに役立つのが、「キャリア・アンカー」である。アンカー（anchor）とは直訳すると〝錨〟のことである。船の錨は、船をつなぎとめて安定させるものであるが、シャインは、それをキャリアの考え方に援用した。そして、〝自分自身の職業生活における自己概念やセルフイメージ〟のことをキャリア・アンカーと名づけた。自分自身のキャリアや職業上のセルフイメージをもつことによって、それが自分自身の判断基準となり、落ち着いてキャリアを構築していけると考えたのである。

シャインは、キャリア・アンカーを明確にするためには、以下のように自分自身に問いかけることにより明示的になっていくとした（Shein, 1990：金井、二〇〇三）。

1. 自分の才能、技能、有能な分野はなにか。自分の強み、弱みは何か。
2. 自分の主な動機、欲求、動因、人生の目標は何か。何を望んでいるのか。または何を望まないのか。
3. 自分は価値をおいていることは何か。自分がやっていることを判断する主な基準は何か。自分の価値観と一致する組織や職務についているか。自分の仕事やキャリアにどのくらい誇りをもっているか。

キャリア・アンカーを活用するうえでの留意点として、以下の点があげられている（Shein, 1978, 1990：藤原、二〇〇七）。一つめは、キャリア・アンカーは、予測しないということである。キャリア・アンカーは、個人と仕事環境の相互作用の結果であり、実際の仕事経験を通じて少しずつ明らかになっていくものである。現時点でアンカーが明確でなくても、経験を重ねる中で譲れないアンカーが明確になっていくと考えられる。これには一〇年ほどの経験年数が必要であるという。二つめに、アンカーと職業を一対一で結びつけないことである。たとえば、「弁護士」という一つの職業においても、次のようなアンカーの考え方ができるだろう。法律分野における

表 4-3 キャリア・アンカー（Shein, 1990：金井, 2003）

項目	内容
専門・職能別コンピタンス	特定の分野や仕事において、自分自身の能力を発揮し、専門性を追求することに価値をおく（全般管理コンピタンスと対比的）
全般管理コンピタンス	職能領域、分野によらず問題の分析や解決に関心をもち、昇進を目指し、経営管理（全般管理）をおこなうことに価値をおく（専門･職能別コンピタンスと対比的）
自律・独立	規則、手順、規範などに縛られずに、自律的に仕事が進められることに価値をおく
保障・安定	雇用や給与、福利厚生などが安定しており、生活が保障されていることに価値をおく
起業家的創造性	新しい組織、製品、サービスを想像するなど、リスクを恐れず常に革新的なことに挑戦することに価値をおく
奉仕・社会貢献	仕事を通じて世の中をよくすることや人の役に立つことに価値をおく
純粋な挑戦	困難な問題の解決や障害の克服など、何かに打ち勝ち、挑戦し続けることに価値をおく
生活様式	仕事と家庭のバランスをとることなど、生活全般を調和させることに価値をおく

専門性を発揮することを重視すると「専門・職能別コンピタンス」となるし、法律事務所で複数の弁護士をマネジメントしていく働き方を重視すれば「全般管理コンピタンス」がキャリア・アンカーとなってくる。また、特定の組織に属さず自律的に案件を引き受けこなしていくことを重視するならば「自律・独立」、法律家としての専門知識を活かし、新しい顧客サービスを提供することに関心があれば「起業家的創造性」がアンカーとなり、弁護士として人助けや社会貢献することに価値を置くならば「奉仕・社会貢献」がアンカーとなってくるだろう。一つの職業でも従事する当人の強み、動機、価値観、働き方によって、キャリア・アンカーは異なってくるのである。

(5) 偶発性とキャリア：クランボルツの理論

クランボルツ（Krumboltz）は、人間を〝学習し続ける存在〟ととらえて、学習理論をキャリアに応用した。ここでの学習とは〝経験の結果生じる、比較的永続的な行動の変化・変容〟と心理学の観点から定義されるものである。偶然の出来事に遭遇したときに、どのように行動するかがキャリアの形成に多大な影響を及ぼすと考え、「計画された偶発性理論」（Mitchell, Levin & Krumboltz, 1999）を提唱した。

①キャリア意思決定における社会的学習理論

クランボルツは、バンデューラの社会的学習理論をもとにして、キャリア発達におけるキャリアの諸選択とは学習の結果であるととらえた。また、キャリア意思決定には、①遺伝的特性・特別な能力、②環境的状況・環境的出来事、③学習経験、④課題解決スキルという四つの要因が影響を与えると考えた。

たとえば、コミュニケーションの能力に優れた子ども（①）が、学校のある発表会の司会をまかされた（②）とする。そこでの出来栄えが周りから褒められ、そうした経験を積み重ねて（③）、アナウンサーという職にあこがれるようになり、そのための手段や方法を調べてセミナーに参加し、就職活動を経て（④）晴れてアナウンサーになった、といったプロセスで考えることができる。

②計画された偶発性理論（Planned Happenstance Theory）

この理論は、〝予期しない出来事がキャリアの機会に結びつく〟という考えが中核にある。クランボルツは、〝職務能力のほぼ80％は偶然の産物である〟ととなえ、偶発的な出来事に遭遇したときに自ら積極的に行動し、新しい経験を最大限に活かす努力をすることがキャリアの展開につながっていくととらえた。

従来のマッチング理論では、キャリアが計画されていないこと（未決定であること）は望ましくないものとされていたが、クランボルツの理論では、むしろ未決定であることによって、学習が促進されることもあると考え、未決定な状態は〝オープンマインド〟な状態ととらえる。それは、新たな出来事や経験を迎えるための準備された心の状態であり、そうしたところにチャンスがやってくるのである。思うような条件ではない想定外の出来事に出会ったとしても、これはキャリアを積む良い機会であり、自分にとって計画された偶然である、ととらえることで職業能力は高まると考えられている。

③〝偶然の出来事〟を〝計画された偶発性〟に変えるための五つのスキル

予想外の出来事を〝チャンス〟、すなわち〝計画された偶発性（Planned Happenstance）〟に変えるためには、**表4-4**の五つのスキルを身に付けることが大切であるとされている。

この五つのスキルを身に付けるためには、日常生活の中でアンテナを磨いて、常に向上心をもって努力し、さまざまな出来事や状況に対して、柔軟にポジティブに受け止め、チャレンジしていくことが必要である。さらには、行動を起こすことによって、実りある想定外の出来事を作り出すことができると考えた（Krumboltz & Lewin, 2004）。

(6) キャリア発達における意思決定：ジェラットの理論

ジェラット（Gelatt）は、職業選択について個人の意思決

表4-4　偶然の出来事をPlanned Happenstanceに変えるための五つのスキル（Mitchell et al, 1999）

項目	内容
好奇心	新しい学びの機会を模索する
持続性	失敗に負けず努力を続ける
柔軟性	態度や状況を変える
楽観性	新しい機会は必ずやってくる、そしてそれを自分のものにすることができる、と考える
冒険心	結果がどうなるか見えない場合でも、とにかく行動を起こす

定とそのプロセスに焦点化した意志決定理論を提唱した。この考え方は、前期と後期の業績によって展開されている。代表的な考え方として、前半は連続的な「意思決定プロセス」、後半は「肯定的不確実性」に関する理論である。

①連続的な意思決定プロセス

ジェラット（Gelatt, 1962）は、意思決定は次のような三つの段階のシステムに分けて行われると考えた（宮城、二〇〇二：図4-9）。

〈ステップ1：予測システム〉

選択可能な行動とその結果を予測する。自分の客観的な評価と選択肢がマッチングするかどうかを予測する。

〈ステップ2：価値システム〉

予測される結果がどの程度自分にとって望ましいか、自分の価値観や興味・関心にあっているか、などを評価する。

〈ステップ3：決定システム（基準）〉

評価基準にあてはめて目的・目標に合うものを選択する。予測と価値のシステムの結果にもとづいて評価、選択し、最終的な意思決定を行う。

②肯定的不確実性（Positive Uncertainty）

ジェラット（Gelatt, 1989）は、変化が大きく先行きがあいまいで不確実な現代においても、肯定的にその未来のキャリアをとらえ、ありのままに受け入れることが重要であると考えた。そのためには、不確実な未来をどのようにとらえるかという主観的な認知が重要となることを強調した。

従来のキャリア理論が、情報分析にもとづく合理的な意思決定を目指すいわば左脳型のアプローチであったのに対し、ジェラットは、創造性や直観、柔軟性なアプローチを取り入れ、統合的にキャリア意

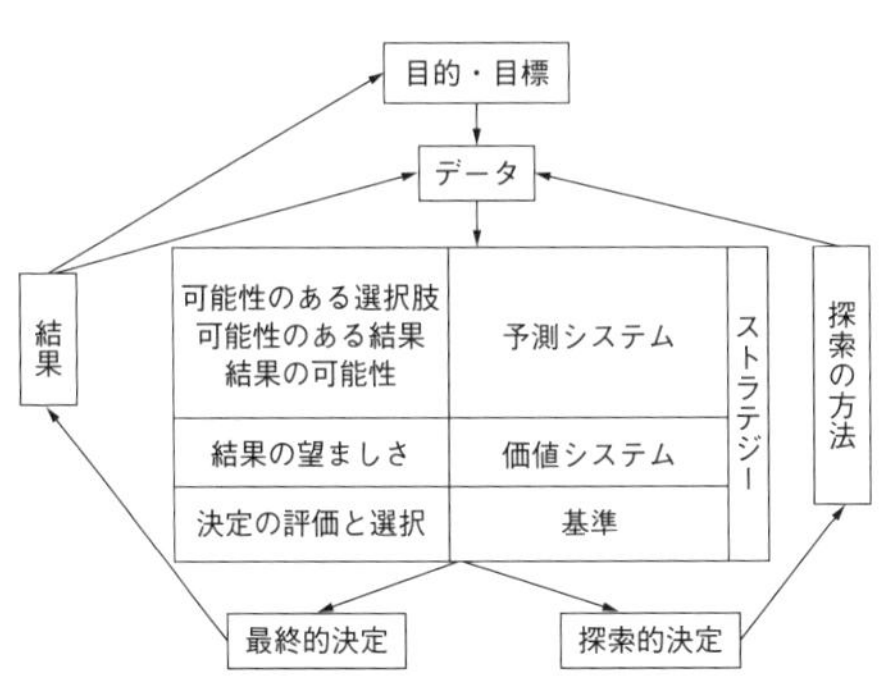

図 4-9　連続的な意思決定プロセス
（Gelatt, 1962 をもとに藤原，2007 が作成）

思決定を行っていくこと、すなわち全脳型のアプローチの重要性を問いた。さまざまな状況に柔軟に対応しながら、過去、現在という時間的な連続性の中で環境と個人の相互作用を個人がどのように理解し、意味付けるかに焦点があてられている。

ジェラットは自らの理論について、現代のキャリア開発は「激流を筏でくだるようなもの」というメタファーで示している。従来の「山登り」のように頂上（目標）にむかって一直線にのぼる直線的なキャリアの開発の仕方ではなく、変化著しい現代はその速さに合わせて、激流の筏をうまく乗りこなしながら下るような柔軟さをもって対応することが重要であることを示した。また、その目的地に到達することだけではなく、激流下りのプロセスにこそ意味があるとしている。

生涯発達の視点から、絶えずバランスをとりながら学び、経験し、成長しながら、未来に向かって進んでいくことを重視した理論である。

(7)キャリア・トランジション：シュロスバーグ、ブリッジズの理論

キャリア・デザインをするうえで、一〇年、二〇年、三〇年先の目標を明確にして、

そこに至る道筋を計画して歩んでいくことは、それはそれで一つの方法である。しかし、この著しい社会構造の変化や自分自身に起こる思いがけないライフイベントなど、人生には不確実なことが多い。正規雇用者として働いていても、いつ何時企業組織の倒産、解雇という事態に陥るかわからない。あるいは、結婚、妊娠、出産について、ある年齢を目標としていても、現実的には難しいことも多々ある。遠い将来のことを計画していてもその通りに進まないことは社会人であれば、多かれ少なかれ経験しているだろう。先の調査においても、さまざまなライフイベントに遭遇したことが社会人学生の学ぶ動機にあがっていたように、何かの節目や出来事に遭遇したときに自分自身のキャリアを振り返ったり、その中で学び直しの必要性を感じることが多いと考えられる。

こうした人生における節目や機会のことを「トランジション（transition）」と呼ぶ。直接的には〝移行、移動、推移、移り変わり、変遷、変化、変転、過渡期、変遷期（リーダーズ、一九九九）〟などと訳される語である。

黒川（二〇〇七）は、トランジションという言葉がさまざまに訳されているが、二つの視点からこの語の意味を整理している。一つは、発達段階の移行期としてのトランジションであり、もう一つは人生上の視点から見たトランジションである。前者がライフサイクルの中における移行期としての転機ととらえられるのに対し、後者は、ライフイベントとしての転機ととらえられる。

キャリア理論の中で、トランジションの重要性を説いた研究者として、本書では、シュロスバーグ（Schlossberg）、ブリッジズ（Briges）の理論をとりあげる。

●シュロスバーグのトランジション

シュロスバーグ（Schlossberg, 1989：武田・立野訳、二〇〇〇）の転機は、人生上の出来事、すなわちライフイベントとその対処に重点を置いた理論といえる。また、彼女は、人生は転機の連続であると考え、その転機をよく理解しうまく活かしていくことが重要であるとした。

表 4-5　二つのトランジションの違い（黒川，2007 より作成）

発達段階の移行期としてのトランジション	人生上の出来事の視点からみたトランジション
• 発達論的視点（各年代には共通した発達課題や移行期があるとする見方） • ライフコース（人生行路）やライフサイクル（人生の中で何度か繰り返し起こること）の文脈の中では「転機」と訳され、生涯発達心理学の文脈の中では「移行（期）」と訳される（金井壽宏，2002）	• 個人独自の出来事（結婚、離婚、転職、引っ越し、失業、病気など） • 個人の人生において大きな転機となる出来事も含まれる

まず、シュロスバーグは、転機には次の三つの要素があるとした。

(a)予期の可否にかかわらず出来事が起きること（イベント）：卒業、昇進、結婚、子どもの誕生、定年退職、交通事故、親友の死、株での大儲けなど。

(b)予期したことが起きないこと（ノンイベント）：学校を卒業できない、定年まで勤められない、希望の会社に就職できない、子どもができないなど。

(c)(a)、(b)の結果としておきる人生や生活の変化

転機は、出来事そのものが問題となるのではなく、本人のとらえ方によって転機と認識されればそれは転機になるとシュロスバーグは考えた。そして、転機においては、「人生役割の変化」「人間関係の変化」「日常生活の変化」「自己概念の変化」の四つの領域における変化が生じるとした。したがって自ら転機と認識した場合には、その出来事の意味やプロセスを理解し、そのことによって四つの領域にどの程度変化があるのかを冷静に考えことが大切であると考えた。そのうえで、その転機をうまく乗り越えるための対処として、「四つのS」が重要であるとした。四つのSとは、「状況（Situation）」「自己（Self）」「支援（Supports）」「戦略（Strategies）」というそれぞれの対処の頭文字を

とったものである。この四つのSのうち何が使えるかを点検し、転機を受容的に受け止め、変化を活かしていくことが重要である。

●ブリッジズのトランジション

ブリッジズ（Bridges, 1980：倉光・小林訳、一九九四）は、人生には、必ずトランジションがあり、その時期には、まず何かの「終焉」があり、次に「開始」がある。そしてその間に重要な「中立圏」（空白ないし休養期間）が入ると考えた（図4-10）。

人はトランジションに遭遇すると、始まりには目をむけやすいが、終わりのことは意外と見過ごしているものである。ブリッジズは、〝新しいものを手に入れる前に、古いものから離れなければならない〟と述べている。

中には、回避したい「終わり」や混乱や苦悩を伴う「空白・休養の期間」もある。しかし、それらをうまく乗り越えることがあとの困難への対処を容易にするのである。また、ブリッジズによればトランジションがどのような意味をもっているのかを考えることが重要であるという。トランジションとは、自分自身の心の内の「中立圏」から何か新しいものがうまれたとき、もしくは新しい人生を築く何かが生まれたときに終わりを迎えるという。ここで生まれるものとは、自己に対する新たな感覚や対処する新たな現実、自分自身を前進させる新たなアイデアなどであり、〝新たな仕事に就いた〟というのは単なる変化に過ぎず、生まれたものとは意味が異なる。

また、ブリッジズは、自分自身の「終わり」を回想し、それらに対する反応の仕方を振り返ることで、これまで未知の始まりに備えてどれほど用意をしてきたかを理解することができるとしている。

トランジションは、生きる方向を見失ってからそれを発見するまでのごく自然なプロセスとみなされており、それはまた成長過程の中でのターニングポイントでもあるととらえられている。

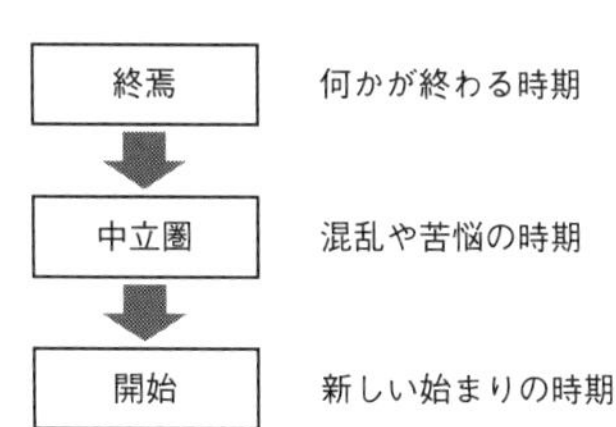

図 4-10　ブリッジズのトランジションにおける三つのステップ
（Bridges, 1980 をもとに金井壽宏, 2002 が作成）

(8) 統合的ライフ・プランニング：ハンセンの理論

ハンセン（Hansen）は、家庭での役割から社会での役割まで、人生における役割をすべて含むものとしてキャリアをとらえ、仕事や人生の統合的なアプローチとして「統合的ライフ・プランニング（Integrative Life Planning：ILP）」（Hansen, 1997：平木ら監訳、二〇一三）と概念化した。このＩＬＰにおいて、ハンセンは人生における重要な課題として、以下の六つをあげた。

i　変化するグローバルな文脈の中でするべき仕事をみつけること
ii　人生を意味ある全体の中に織り込むこと
iii　家庭と仕事をつなぐこと
iv　多元性と包含性に価値を置くこと
v　精神性と人生の目的を探求すること
vi　個人の転換（期）と組織の変化に対応すること

ハンセンは、変化著しい社会や世界の問題に目を向け、変わりつつある家族、仕事のありかた、学習、余暇の過ごし方といった文脈の中で、人々が複雑な人生選択や意思決定を行うことを支援するために、包括的な枠組みを提供することを目指した。そのためには、従来のキャリア開発やキャリア・プランニングの枠組みを超えて、ジェンダー役割、多文化理論、環境問題など、グローバルな視点から取り組む必要があると考えた。そしてＩＬＰにおけるキャリア・カウンセリングでは、クライアントが包括的、積極的に選択、決定を行っていくことを支援するとともに、個人の選択、決定が社会や人類全体にも影響を与えることを視野に入れることが必要であるとされている。

①統合的ライフ・プランニング・キルト

ＩＬＰでは、キルト（quilt：布と布を縫い合わせたもの、パッチワーク）とキルター（quilter：キルトを縫う人）を比喩として用いている。キルトの一片一片は、キルターによって縫い合わされて、しばしば芸術作品として作られる。エイズで亡くなった人を偲ぶためのエイズ・キルトなどにみられるように、多種多様な人がキルトを創るのである。人は誰もが自分の人生のキルターであり続け、キルトの布片を組み合わせようと試みながら自分の人生を生きている。キルトの一つ一つはそれ自体固有の物語りを有しているのと同時に、それらが組み合わされて一つの全体的な物語を作っている。これは、劇的な変化が一人ひとり、家族、コミュニティ、国家、そして地球全体に影響を及ぼしていくグローバルな成果や文脈の象徴である（Hansen, 1997：平木ら監訳、二〇一三）。

ハンセンは、キルトを六つの重要課題にたとえ、これらが現代社会の重要な構成部分であるにもかかわらず無視され、見過ごされてきた課題であることをメッセージとして伝えている。また、主には女性の手仕事とされてきたキルトをメタファーとして用いたことにより、ＩＬＰがジェンダーの視点に立ったキャリア理論であることを鮮明にし、男性中心的な思想のキャリア理論から脱却を試みていると解釈できる（青島、二〇〇九）。

②四つのライフ・ロール

ハンセンは、重要課題ⅱの〝人生を意味ある全体の中に織り込む〟の中で、人生とは、「四つのL」、すなわち「労働（Labor：仕事）」「愛（Love：家族と育児）」「学習（Lerning：公式および非公式な教育）」「余暇（Leisure：仕事から離れて従事する活動）」という四つの基本的役割を内包した言葉であるとした。

ＩＬＰでの〝統合的〟とは、こころ、からだ、ジェンダー、時間といったさまざまな要素の統合を意味している。どれかの要素を切り離して考えることはできないということであり、これらの要素を各片として個人にとって意味のある方法でまとめるということである。ハンセンは、「四つのＬ」で示した各要素について、人生は労働や仕事だけではなく、愛や学習、余暇といったライフ・ロールを組み合わせて統合することによって、自分自身の満足のいく人生のキルトを織り上げることの重要性を説いたのである。

ワーク4

自分のライフ・キャリア・レインボーを描いてみよう！

※ 白紙と色鉛筆（ペンなども可）を用意してください。

①あなたが持っている人生役割を書き出しましょう。あなたはいくつの役割をもっていますか。
㊎娘（子ども役割）、大学生（学生役割）、母親（家庭人役割）、妻（家庭人役割）、営業職（労働者役割）など。

②①であげた役割の数だけ、虹の弧を描きます。一番外側の弧に年齢を五歳間隔で入れます。（現在の年齢以上は、何歳まで年齢を入れても構いません）

③それぞれの弧のイメージに合う色を選び、太さで役割の大きさを表現するように色を塗ります。現在以降の弧については、イメージで色をつけてみましょう。

④最後に全体を見渡して、感じたこと、考えたことを書いてみましょう。印象的な出来事、体験を書き込んでもよいでしょう。

第5章 ライフサイクルとキャリア・デザイン

1――成人期における発達研究（サイクル・モデル）

(1) レビンソンのライフサイクル

レビンソン（Levinson, 1978：南訳、一九九二）は、人生の「転換期」に着目したライフサイクルのモデルを提唱した（図5-1）。40名の中年男性の個人史を分析した結果、生涯発達においては、「児童期・青年期」「成人前期」「中年期」「老年期」という四つの「安定期」と、その間に「成人への過渡期（一七歳から二二歳）」、「人生半ばの過渡期（四〇歳から四五歳）」、「老年への過渡期（六〇歳から六五歳）」という三つの「転換期」があることを見出し、比較的順序正しくこれらの発達段階を経ていくと考えた。

レビンソンは、ある時期における個人の生活の基本的なパターンを「生活構造」と呼び、この変化を発達的な変化の主軸とした。「安定期」から「安定期」に移行する間に、不安定な時期である過渡期に遭遇するが、そこでは、しばしば価値観、身体的変化といった

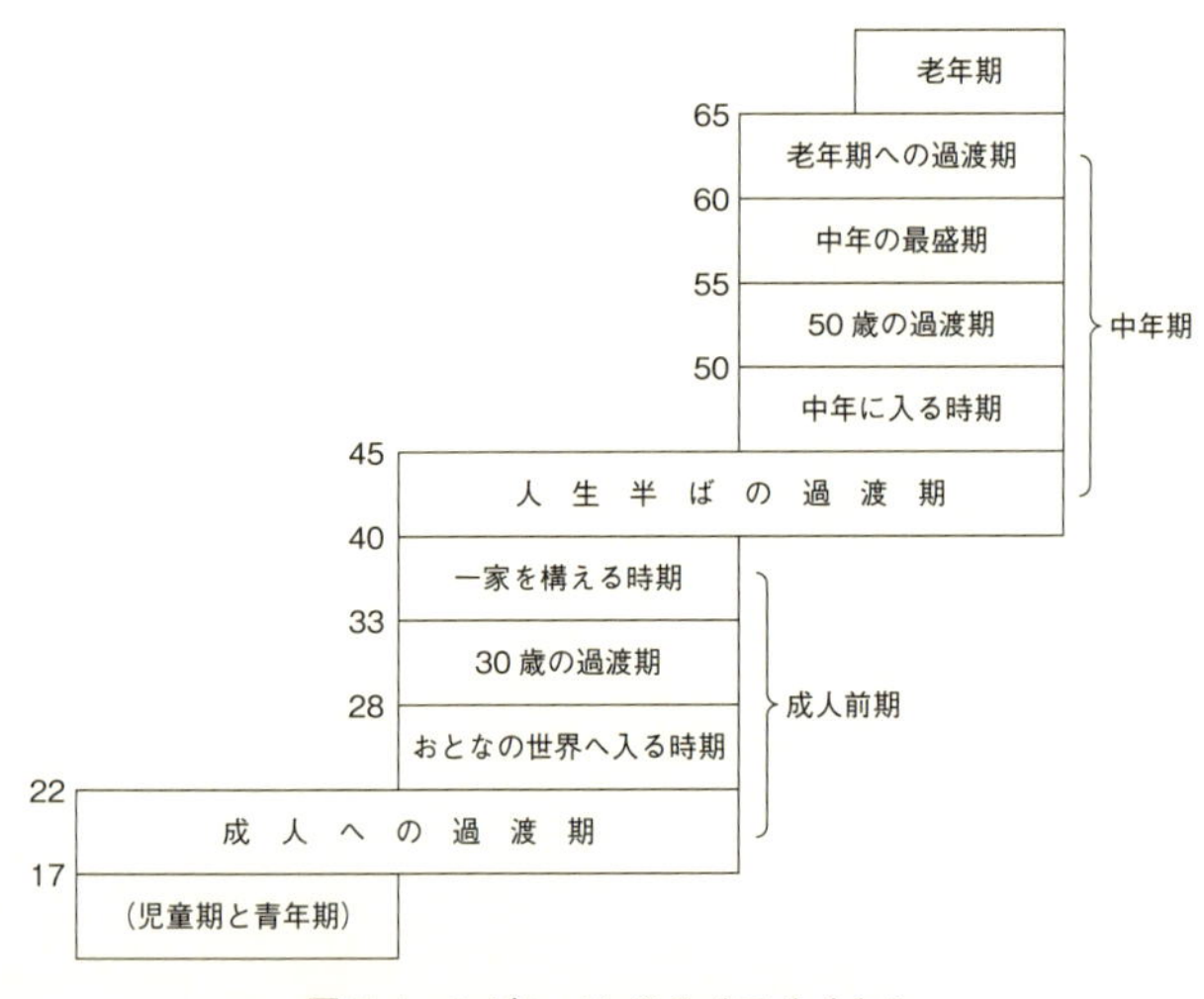

図 5-1　レビンソンのライフサイクル
（Levinson, 1978：南訳, 1992 より作成）

個人の内的な変化や家族形態や生活、仕事上の変化といった環境的な変化を経験する。これが「生活構造」の変化であり、不安定的な時期となる。特に「人生半ばの過渡期」は「中年の危機」ともいわれる時期であり、仕事、生き方、家族など自分の人生と向き合い考えることで、自己アイデンティティの揺らぎが経験される。ここまでの自分自身のキャリアについて再評価し、今後のキャリアの方向性について決定していく重要な時期ともなる。

こうした「転換期」を乗り越えていくことで、これらの時期はキャリア発達上の「転機」になると考える点で、レビンソンのモデルは、トランジションの理論に含まれることもある。

(2) シャインのキャリア・サイクル

シャイン（Shein, 1978：二村・三善訳、一九九一）は、個人と社会、特に組織におけるキャリアと特に関連の深い段階と課題について、九つに分けて説明している（表5-1）。職業によって、段階と課題において若干の相違点や類似点があると考えられる。

キャリア・サイクルは、キャリアへのエントリーに先立つ段階、すなわち成長、空想、探求の時期において、子どもや若者は自己洞察を深めて、選択できる職種について学ぶことが重要であるとシャインは述べている。

また、組織へのエントリーは、成人するのに似ているという。組織や他者と関係において、個人は依存的である一方、独立的でもあらねばならず、さらに専門となる分野を決める方法を学ぶ能力がキャリアの初期段階には重要である。

キャリア中期では、自分の経験と知恵をいかに役立てるか、他者とどのように関わるか（より良い助言者となるにはどうしたらよいか）といった課題に取り組むことになる。そして、さまざまな危機に直面しながらもそれを自分なりの方法や選択、決断によって乗り越えていかなければならない。

キャリアの後期は、個人がどのようなキャリアを追求するかということや、キャリアの成功度、個人や家庭の状況などにより、取り組むべき課題の個人差は大きいといえる。しかし、後進にバトンを渡すべく、助言者としての責任を全うすることやどのように引退の準備をするかといったことは、すべての人に共通するこの時期に直面する課題とな

表 5-1　キャリア・サイクルの段階と課題（Shein, 1978：二村・三善, 1991）

段階	名称	年齢	内容、課題
第1段階	成長、空想、探求	0～21歳	さまざまな活動を通して、自己イメージを発達させながら、現実的な職業選択のための基準を開発する。仕事と自分自身についての情報を集めながら、職業選択へとつなげていく。
第2段階	仕事の世界へのエントリー	16～25歳	労働市場に入る。キャリアの基礎となる仕事に就き、自己の欲求と雇用者、組織の欲求を調和させることを学んでいく。
第3段階	基本訓練	16～25歳	組織やメンバーとの関わりを学び、正規メンバーとして貢献できるよう努める。未経験なことへの不安を克服し、自信をつける。
第4段階	キャリア初期	17～30歳	責任を引き受け、自己認識を深めながら、キャリア成長の土台を築く。個人と組織の相互発見の時期でもあり、人間関係を学ぶ。仕事の成功感、失敗感に対処する。助言者、支援者を見つける。
第5段階	キャリア中期	25～45歳	選択した専門分野について学び続け、技術的に有能であり続ける。長期のキャリア計画を開発する。自分自身の責任だけでなく他者の責任も引き受け、他者への助言者になる準備をおこなう。家庭・自己・仕事への関心の適切な調整をおこなう。
第6段階	キャリア中期の危機	35～45歳	自分の抱負と歩みを再評価して、現状維持かキャリアを変えるか、新しい高度な仕事に進むかを決定する。キャリア・アンカーを知る。他者との助言者関係を生み出す。自分のキャリアと家族との間での調整を達成していく。
第7段階	キャリア後期	40歳～定年	管理者、助言者の役割を果たす。経験にもとづく技術、関心を広げる。専門性を高めること、対人関係技術、管理監督技術をいかに開発するかを考える。もしくは、現状維持、仕事以外での自己成長を求めることを決めれば、影響力や手ごたえの減少を受け入れる。
第8段階	衰えおよび離脱	40歳～定年	組織における自分の重要性の低下を受け入れながら、新しい役割を受け入れ、開発する。趣味、家庭、地域活動など新たな満足源を探す。配偶者との生活、関係を再構築していく。キャリア全体を評価し、引退に備える。
第9段階	引退		ライフスタイル、役割、生活における劇的な変化に適応する。アイデンティティと自尊感情を維持し、自分の過去のキャリアの達成や満足感をどのように得ていくかを考える。蓄積した経験、知恵を他者にも活かす。

る。これらの問題をどのように解決するかによって、キャリアにおける個人の最終的な満足度の大部分が決まってくるだろう、とシャインは述べている。

各段階の年齢層が広いのは、職業、個人によって、それぞれの段階を通過するスピードも通過の仕方も異なるためである。よって、キャリア分析においては、すべての人がキャリア発達において直面する課題のおおまかな分類としてこのキャリア・サイクルを考えることが望ましいとされる。

2──キャリアの三段階における特徴

レビンソンのライフサイクル、シャインのキャリア・サイクルの段階を参考に、ここでは、主にワーク・キャリアに重点を置き、キャリア前期、キャリア中期、キャリア後期以降という三つの段階について年齢層を設定し、その時期のキャリアの特徴を明らかにする。

(1) キャリア前期(二〇代半ばから三〇代)

この時期は、社会人として歩み始めてから一〇年ほどの期間を指す。まず、二〇代は社会人としての基礎力を身につけ、固めていくことが重要な時期である。こうした基礎力を概念的にまとめたものとして二〇〇六年から経済産業省が提唱している「社会人基礎力」がある。「前に踏み出す力(アクション)」「考え抜く力(シンキング)」「チームワークで働く力(チームワーク)」という三つの力から構成されている。今後キャリアを重ね、専門性を高めていく場合、あるいはゼネラリストを志向する場合にも、対自的、対他的な基礎力は早い段階で身につけていくことが求められる。シャインが指摘するようにキャリア・アンカーを見い出すためには、一〇年程のキャリアの経験が必要である。自分の適性や専門性を自分自身で決め込まずに多様な職務、経験を通して、自分の強みや弱み、動機、価値観を探っていくことが後のキャリア発達において重要となる。自分の先のキャリアのイメージや自己像をもち、おおまかに生涯にわたる自分のキャリアについてのビジョンを形成していく。

近年、二〇代、三〇代での転職者は増加傾向にある。正社員を対象にした調査では、三〇代前半までに退職を経験（すなわち転職）する者が多い傾向にある。また、二〇代後半から三〇代の正社員で転職経験がある者のうち、退職回数が二回（回答時は三社目）の者は二割を超えており、三〇代では三回の経験者が一割を超えていた（リクルートワークス、二〇一二）。

キャリアの前期にさまざまな経験を重ねることは必要であるが、一方で、安易に転職を繰り返すことは推奨されない。この点について、金井壽宏（二〇〇二）は、「最低必要努力量（Minimum Effort Requirement：MER）」が重要であると述べる。これはその仕事、環境が自分にあっているかどうかを感知できるほど、十分な努力を投入する前に仕事を替わってしまうことで、本当のその仕事や会社の魅力、自分の能力、動機が見えないまま離れてしまうことになりかねないということを意味する。金井は明らかに不健全な環境に我慢をして身を置くことは勧められないが、よい我慢は必要であると

表 5-2 退職経験者の退職回数（%）（リクルートワークス, 2012）

	1回	2回	3回	4回	5回	6回以上	平均（回）
25～29歳	64.7	21.7	9.7	1.3	1.7	1.0	1.6
30～34歳	49.5	26.1	14.2	5.2	3.0	2.0	1.9
35～39歳	39.3	29.5	16.3	7.4	5.0	2.6	2.2

述べている。また、転職の際には、自分のそれまでのキャリアを十分に振り返り、次の一歩を踏み出すことが重要であると考えられる。

三〇代頃の特徴として、「キャリア・ミスト」と「キャリア・ホープ」の存在があげられる。加藤（二〇〇四）によると、キャリア・ミストとは、〝自己の将来キャリアに関する不透明感〟、キャリア・ホープは、〝当該時点において、無数に存在する将来に関する可能性のうちに、自分にとって望ましいもの（可能性）が存在しているという感覚〟と定義される。この二つは、霧と霧の中の光の関係であるという。キャリア・ミストが濃い時、すなわち、将来のキャリアの不透明感がきわめて強い時には、キャリア・ホープを感じることができないが、キャリア・ミストが薄い、もしくは晴れている時も同じようにキャリア・ホープを感じることができないとされる。なぜなら、自分が何もアクションを起こさずに今の仕事をし続けた場合、どうなるかはっきり予測できる状態（ミストが晴れた状態）では、実現するかそうでないかその可能性がはっきりと分かるからである。それは、可能性の存在としての希望（キャリア・ホープ）ではなくなっているためであると説明される。さらに、加藤（二〇〇四）によれば、特に若年層では、キャリア・ホープが消えることを恐れるために、キャリア・ミストが濃いと感じるときは、薄くするようなアクションを起こし、キャリア・ホープを確認しようとする（たとえば、これから先どうなるかがまったくわからない。でも希望が見いだせるかもしれないからこのままやめずにいる）。反対に、キャリア・ミストが薄いか晴れてしまったと感じるときには、キャリア・ホープが再び感じられるような不透明な環境へと自分自身を導く（たとえば、現実や先行きがはっきり見えすぎて希望がなくなってしまった。それゆえにやめる）という。先のキャリアが、見えなさ過ぎても、見え過ぎても困るという葛藤状況である。

キャリア前期は、ライフ・キャリアにおいても多くの転機が訪れ、仕事生活と家庭生活の調和が求められる段階に入っていく。特に女性において、結婚、妊娠、出産がキャリア選択に大きく影響を及ぼす時期でもある。そうした転機にともない、就業を継続するか退職するか、継続するならばどのように働き続けるか、退職するならばその後どのように生きるか、といった問題と対峙することになる。シャインの三つのサイクルの相互作用モデルからも、複数のサイクルが重複する三〇代の危機を経験する時期となることがわかる。

三〇代半ば、後半になると、それまでの経験からキャリア・アンカーが少しずつ明らかになってくる頃に差しかかる。自分の強み、専門性などが次第に見えてくる時期に入る。

このようにキャリア前期は、職場や職業、ライフイベントなどさまざまな転機を迎えることになるが、個人も、受け入れる社会も柔軟性がある時期である。方向転換する場合にも、道を見定めて専門性を磨いていくうえで、学び直しを始めるのに良い時期である。数年の社会経験が学びのよい材料になるといえよう。今後のキャリアの発展に役立つであろう資格を目指してみるのもよい。

(2) キャリア中期(三〇代半ばから四〇代)

この時期は、社会に入って一〇年から二五年、三〇年ほど経つ頃を指す。キャリア発達が個人によって大きく異なってくる。さまざまな経験、知識が蓄積され、組織の中間層にもなる。管理業務を担うようになったり、専門性が高まりそれらを発揮することが求められることにもなる。一方で、自分の能力や昇進などに限界が見え始め、停滞するような感覚に陥ることもある。田尾(一九九一)は、こうしたさまざまなキャリア発達のパターンを図5-2のようにまとめた。早く試行期を通過する人（A）もいれば，いつまでも発展を続ける人（B）もいる。人よりも早く維持の段階にいたり高原状態（プラトー）にある人（C），発達の遅い人（D）や途中で放棄する人（E）など多様である。田尾によれば，いずれにしても，大半の者は遅かれ早かれプラトーに達するが，他人には真似ができないような技能を身につけたり，周りとの間に実績やスキルの差があることによって，プラトーへの到達を遅らせることができるという。

また，成人期中期は，生物学的（たとえば，体力，思考力の衰えなど），社会的（人間関係の狭まりなど），心理的（時間的展望のせばまり，老いや死への不安，生産性の限界など），家庭状況（夫婦関係の危機，子

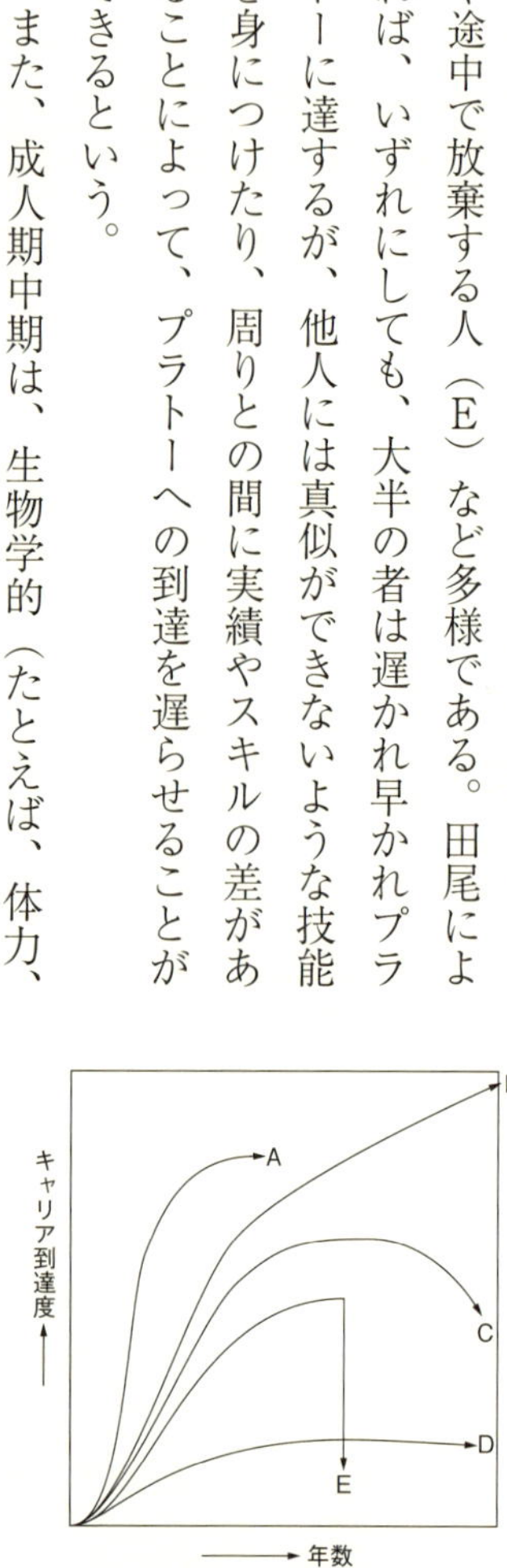

図5-2　キャリア発達におけるプラトー（田尾，1991）

どもの巣立ちなど）に、否定的な変化の大きい時期である（岡本、一九九七）。「危機」は、うまく対処し乗り越えていくことで、自己の成長につながるよい機会となる一方、うまく対処できないと不適応に陥る可能性をもつものである。うつなど精神疾患の発症率が高まる時期でもあり注意を要する。

レビンソンによれば、四〇歳から四五歳は、人生半ばの過渡期にあたる。この時期の課題は、①若さと老い、②破壊と創造、③男らしさと女らしさ、④愛着と分離という対極的なものの解決であるという。「中年の危機」を乗り越えながら、これまでの自分自身のキャリアを振り返り、生活構造の安定する次の段階へと入っていくことになる。さまざまな否定的な変化がある一方で、肯定的な変化もみられる。管理職や重要な仕事や地位を任されるようになる経験、あるいは、教えられる立場から教える立場になることなどにより、自信や安定感、独立した感覚を得ていく時期でもある。また、子育てがひと段落して寂しさや孤独感を感じる一方で、ホッとしてようやく自分の人生を歩むような感覚が生じてくることもある。変化が多いこの時期には、節目ごとにキャリアの棚卸しをして、これからのキャリアを展望し、現在の仕事の今後の展開やセカンド・キャリアに役立つと想定される学びを取り入れていくことで、新たなキャリアの発展につながると考えられる。

(3) キャリア後期以降(五〇代以降)

この時期は、自分自身の職業生活の総仕上げを意識していくことになる。これまで培ってきた職業上の知識や能力、技術、判断力、人間関係等を仕事の中に積極的に生かすとともに、それらを次の世代に引き継いでいく段階となる。さらに、定年退職の迎え方とその後のキャリアについて展望することが課題となる。近年は、早期退職優遇制度や選択定年制、六五歳定年制など多様な退職制度が導入されており、個人によって退職の時期も異なってきている。したがって、いつ、どのように定年を迎えるのか、ということも新たなキャリアの選択として考える必要が生じている。早い段階から、退職の時期や仕方を見通した働き方、生き方が求められている。

岡本・山本(一九八五)は、定年退職は心理的な危機であるかどうかという観点から調査を行い、七つの定年退職の認知タイプがあることを明らかにした(表5-3)。定年退職の危機を解決し、退職に向かうストレスにうまく対処するためには、それ以前のライフステージにおける心理・社会的課題の達成が重要である（岡本、一九九七）。

また、大久保（二〇〇六）は、退職後のキャリアとして、①生涯現役を貫く、②次の世代を育てる仕事につく、③まったく別の第二のキャリアに挑戦する、④リタイヤもしくはハーフリタイヤの生活をする、という四つのパター

表 5-3　定年退職認知タイプ
（岡本・山本，1985 および岡本 ,1997 をもとに作成）

タイプ	退職の心理的影響	退職（生活）への関わり	内容
積極的歓迎型	Positive	Active	退職を人生にとって重要な意味を持つと主体的に受け止め、その後の人生を肯定的にとらえている。退職後の具体的な計画がある。
受動的歓迎型	Positive	Passive	退職を歓迎しているが、仕事から解放される安堵感や自由が得られるためという受動的なものによる。
中立型	Neutral	Neutral	退職を単なる区切りととらえ、重要な意味をもっていないととらえる。
危機型	Negative	Active	退職は非常に重大で、自分にとって否定的で脅威的な意味を持つものととらえている。現役出の職業生活を長く続けることを期待しており、展望を持てていない。
あきらめ型	やや Negative	Passive	退職をやむを得ず受け入れている受動的な姿勢をもつ。
逃避型	Negative	Passive	退職は重大で、否定的な意味を持つものと認識していながら対処を見いだせていない。不安定で混乱した姿勢を示す。
アンビバレンツ型	Positive	Passive	退職は重大だが、はっきりとした一定の認知をもつに至っていない。

ンを示している。このことを踏まえ、兵頭（二〇一二）は、定年退職後の高齢期を迎えてもなお多様な活躍の可能性があることを考察している。さらに、この年齢層（五〇代、六〇代）において、五割から六割に潜在的な学びのニーズがあることを示している。学びの目的においても、「知ること、学ぶこと自体が面白いから」が三割前後、「学んだことを仕事の中で活かしたいから」が二割強、「学ぶと将来的に仕事に役立つと思うから」が二割弱と、他の年齢層と違いがなかった。

これらのことから、成人期後期以降、どのキャリア・パターンを選んだとしても、主体的にその道を歩むことでキャリアは大いに発展していくと考えることができる。

ワーク5

ライフサイクルを振り返り、自分の転機を考えてみよう！

①これまでのことを振り返り、自分にとっての「転機」となった出来事や出会いの中から特に印象に残っているものを三つあげてみましょう。

②その三つの「転機」は、あなたにとってどのような結果、変化、影響をもたらしましたか？書き出してみましょう。

第6章 多様性とキャリア

1 ―― 女性におけるキャリアの問題

(1)女性のライフサイクルとキャリア・バリア

女性の社会進出により、女性の活躍する場や機会は確実に増えており、働き方、生き方についての選択肢も広がっている。自律的、主体的に自らの進む道を決めることができる機会も増えている。しかし、選択の自由度や柔軟性が増すにつれて、一方では、迷いや焦り、葛藤を抱くことにもなるのである。また、女性の場合は、就職、結婚、出産、育児、親の介護といったさまざまライフイベントによって、男性より多くの影響を受け、キャリアの重大な選択に迫られることが依然として多い。

岡本（二〇〇二）は、女性のライフコースを1本の木に見立てて図に示した（図6-1）。学校を卒業し、高等教育から離れるまでは男女にさほど相

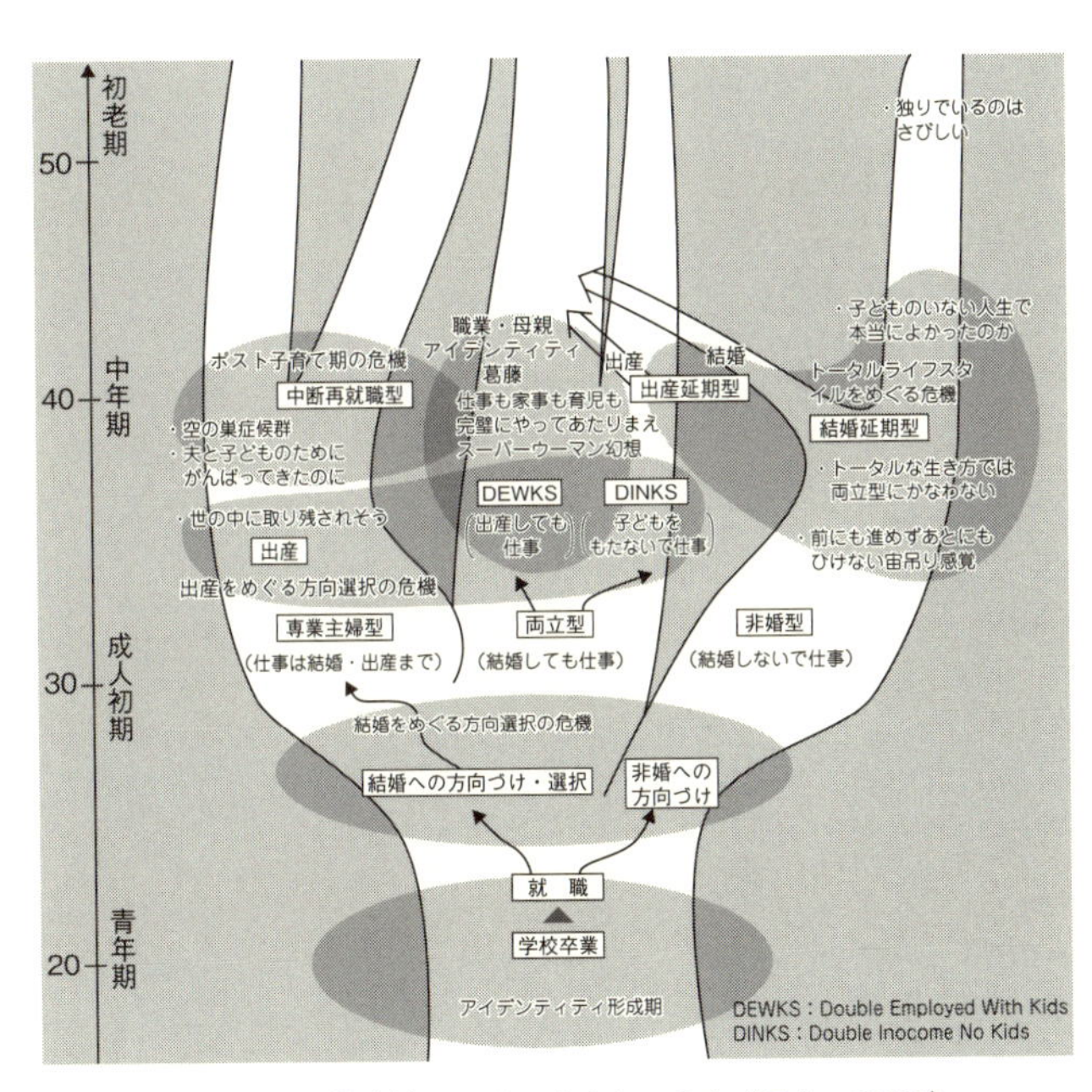

図6-1　現代女性のライフサイクルの木（岡本，2002）

違は見られないが、女性の場合は、その後の青年期、成人前期において、就職、結婚、出産期を迎えると多くの枝に分かれていくことになる。どのライフコースを選択しても、その道を進むうえでは、自分の働き方や生き方を問い直すさまざまなストレスや障壁、危機が潜んでいる。

キャリアを形成していくうえでの障害は「キャリア・バリア」と呼ばれ〝個人に関係する人物、もしくは個人をとりまく環境に起因する個人のキャリア発達を困難にする出来事、条件〟(Swanson & Woitke, 1997) と定義される。キャリア・バリアでは、人生上のライフイベントだけではなく、個人の意識やスキル、キャリア形成に影響を与える環境的要因など包括的にとらえられている。

筆者は、ライフサイクルの木(岡本、二〇〇二)で幹の分かれ目である成人期初期(三〇代)の女性を対象に、キャリア・バリアの内容を検討した。その結果、一二の項目が抽出され、統計的な分析の結果「就労における条件・意識」「病気・異動による変化」「結婚・出産・育児による変化」という三つのカテゴリーに分類された(矢澤、二〇一五:図6-2)。

また矢澤(二〇一五)では、フルタイム就労者のほうが非就労者よりもキャリア・バリアの「病気・異動による変化」の影響が大きいことが示唆された。結婚、出産、育児は比較的自らの意志により、おおまかには計画的で予期できるライフイベントであることが多い。それに対し、家族や自分自身の病気や異動については、自分の希望による異動以外、多くは自分の意志とは無関係に、かつ予期せずに生じるライフイベントであるといえる。このことによってフルタイムで働くという就労形態を大きく転換せざるを得ない事態も想定され、主体的、自律的なキャリア形成の大きな阻害要因にもなり得ると考えられる。

「伝統的な性別役割分業意識（夫は働くべき、女性は子育てに専念すべき、など）」や

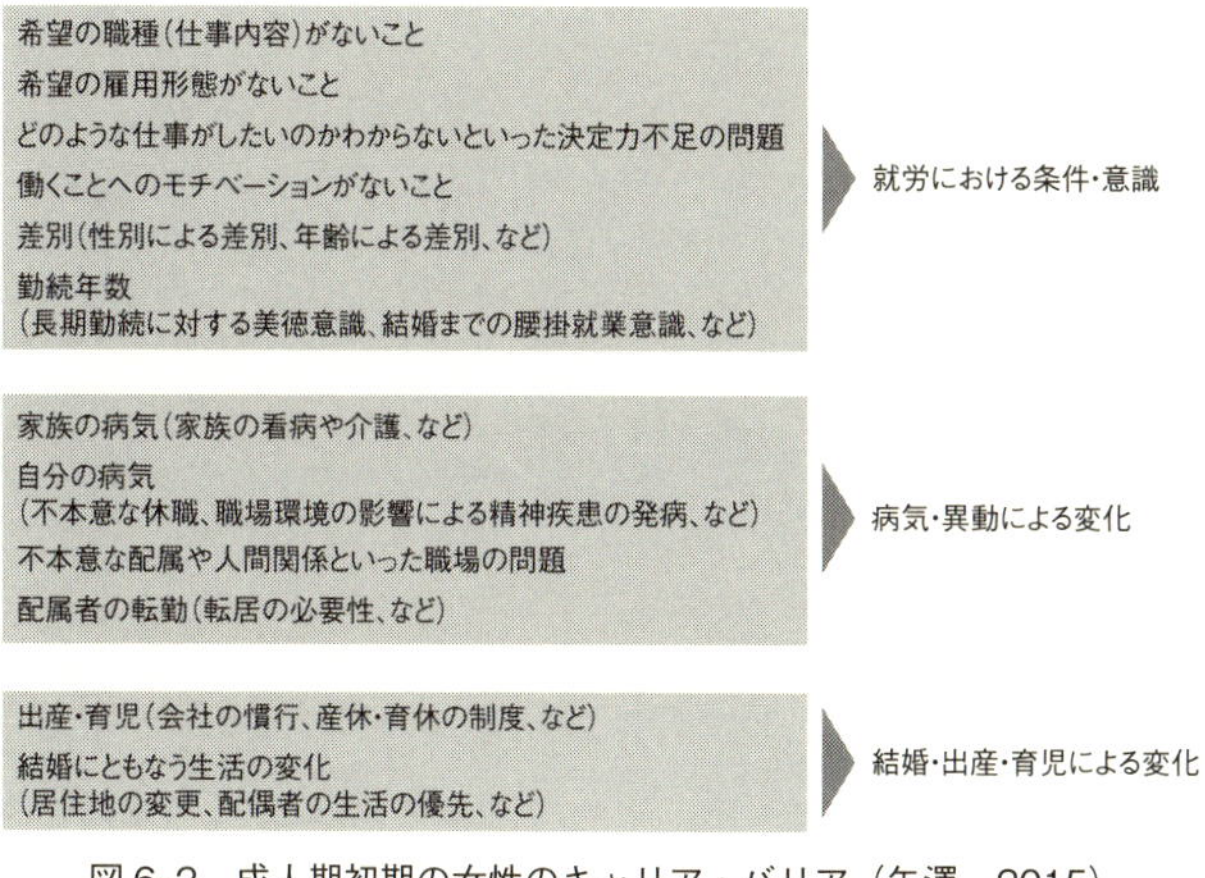

希望の職種（仕事内容）がないこと 希望の雇用形態がないこと どのような仕事がしたいのかわからないといった決定力不足の問題 働くことへのモチベーションがないこと 差別（性別による差別、年齢による差別、など） 勤続年数 （長期勤続に対する美徳意識、結婚までの腰掛就業意識、など）	就労における条件・意識
家族の病気（家族の看病や介護、など） 自分の病気 （不本意な休職、職場環境の影響による精神疾患の発病、など） 不本意な配属や人間関係といった職場の問題 配属者の転勤（転居の必要性、など）	病気・異動による変化
出産・育児（会社の慣行、産休・育休の制度、など） 結婚にともなう生活の変化 （居住地の変更、配偶者の生活の優先、など）	結婚・出産・育児による変化

図 6-2　成人期初期の女性のキャリア・バリア（矢澤，2015）

「同性の親の働き方（母親が専業主婦である、母親がフルタイム就労をしている、など）」といった内容もキャリア・バリアになること（伊藤、二〇一〇）が想定されたが、本分析では除外される結果となった（矢澤、二〇一五）。内閣府（二〇一二a）の調査によると、〝家庭生活について、夫は外で働き、妻は家庭を守るべきであるか〟という問いに対して、一九九二年では、「賛成」と回答する者の割合は60・1％（「賛成」23・0％＋「どちらかといえば賛成」37・1％）、「反対」「反対」と回答する者の割合が34・0％「どちらかといえば反対」24・0％＋「反対」10・0％）であった。二〇一二年では「賛成」が51・6％（「賛成」12・9％＋「どちらかといえば賛成」38・7％）、「反対」は45・1％（「どちらかといえば反対」27・9％＋「反対」17・2％）に変化しており、二〇年の間に、女性の社会進出が進むとともに伝統的な性別役割分業意識は変わりつつあるといえる。急激な社会変化にともなって、身近な母親を生き方モデルや職業モデルにすることが難しくなってきている問題があることも考えられる（岡本、二〇〇二）。ただし、意識は変わりつつあっても、働く女性を取り巻く環境の整備が追いついているとは言い難く、実質、家庭役割の大部分を担わざるを得ない女性も多いのが現状といえよう。

(2) 女性における働くこと

一九八五年の「男女雇用機会均等法」が施行されたことは、女性にとって男性と平等に働くための大きな一歩を踏み出すきっかけとなった。一九九二年には「育児休業法」が施行、一九九九年には「育児・介護休業法」へと改正され、女性の仕事と家庭の両立を支援する法整備は弾力的に進められてきている。

しかし、近年の労働力調査の結果においても、女性の労働力率（一五歳以上人口に占める労働力人口の割合）は依然として、M字カーブを描いている（図6-3）。結婚・出産期にあたる二〇代から三〇代で一旦低下して谷となり、育児が落ち着いた時期に再び上昇する傾向は続いている。内閣府（二〇一二b）においても、未就学児と同居する育児期の人は三〇歳代に多く、男性は有業者、女性は無業者が多いことが報告されている。また、看護・介護が必要な家族と同居する人は五〇歳代に多く、男女ともに有業者が多いことが明らかとなっている。

女性の世代ごとに労働力率をみてみると、近年の傾向の一つとして、若い世代のM字カーブの山が高くなるとともに谷が浅くなっている（内閣府、二〇一五）。これは、二〇代、三〇代の働く女性が増加していることと、結婚、出産、育児といったライフイベントを経験する中でも就労を継続する女性が増加していることが要因であると推察される。実際、一九八〇年においては、男性の片働き世帯と共働き世帯は、それぞれ一一一四万世帯、六一四万世帯であったが、次第に男性の片働き世帯は減少、共働き世帯は増加し、一九九〇年代はほぼ拮抗するような形で推移していた。二〇〇〇年代以降は次第に逆転していき、二〇一四年は男性の片働き世帯は七二〇万世帯、共働き世帯は一〇七七万世帯となっている（内閣府、二〇一五）。しかし、M字カーブが上昇傾向にあるもう一つの理由は、二〇代、三〇代を中心に未婚や子どものいない女性が増加しているからでもある。

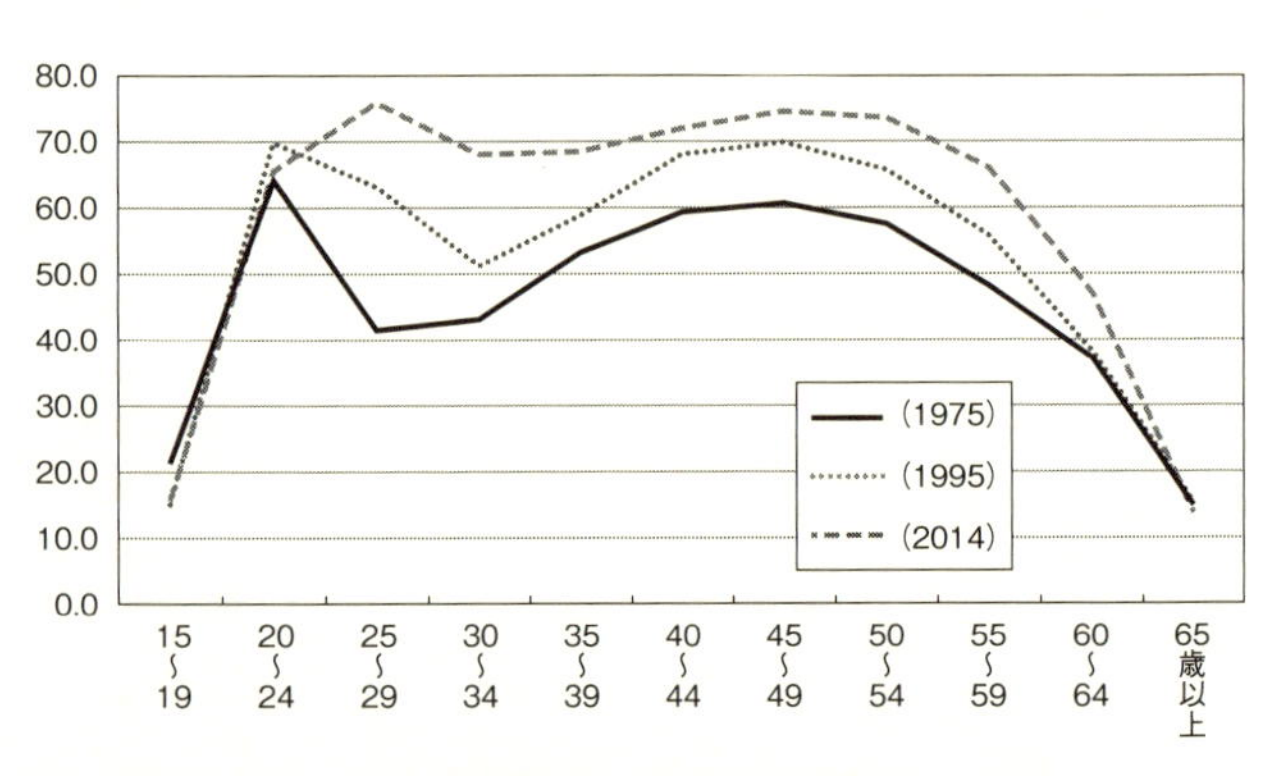

図 6-3　女性の年齢階級別労働力率（総務省，2014c）

M字カーブはかつて先進諸国に共通してみられた傾向であったが多くは消失しており、現在もM字カーブが残っているのは、日本を含むごくわずかの国となっている（厚生労働省、二〇〇五）。

近年のもう一つの傾向として、M字カーブの谷が右方向にずれていることも明らかとなっている。これは、女性の平均初婚年齢（二〇一四年は29・4歳）、第一子出産時平均年齢（二〇一四年は30・6歳）が年々上昇していること（厚生労働省、二〇一四c）が要因として考えられる。残存しているM字カーブの背景には、やはり女性の結婚、出産、育児によるキャリア中断があることを示しているといえよう。

就労形態の変化においては、二五〜二九歳では、「正規の職員・従業員」が63・0％、「非正規（パート、アルバイト、労働者派遣事業所の派遣社員、契約社員、嘱託など）の職員・従業員」が37・4％であるのに対し、三五〜三九歳では、「非正規の職員・従業員」が51・5％、「正規の職員・従業員」が48・5％と逆転しており、妊娠や出産などで退職した女性の再就職先は、正規ではなく非正規の雇用形態になっているとみられる（厚生労働省、二〇一二）。限定正社員制度導入のなど、正規雇用を離れることなく弾力的に働き方を調整し、継続させていてくシステムや対策が一層求められる。

就業継続に一般的に必要と考える条件（内閣府、二〇一三b）では、正社員において、「認可・認証保育園等に子どもを預けられること」が最も上位にあげられ、次いで「休暇のとりやすさ」であった。自分自身にあてはまっていたこととのギャップをみると「休暇の取りやすさ」「短時間勤務等職場の両立支援制度」「配偶者の積極的なサポート」の回答が多かった（図6-4）。また、非正規社員では、正規社員同様、「認可・認証保育園等に子どもを預けられること」が最も上位にあり、次いで、「配偶者の積極的なサポート」であった。自分自身にあてはまっていたこととのギャップでは、「配偶者の積極的なサポート」や「休暇の取りやすさ」「短時間勤務等職場の両立支援制度」「職場での理解」の回答が多く、特に正規社員よりも「配偶者の積極的なサポート」に対するギャップが大きいことが特徴である（図6-5）。フルタイム、パートタイム、専業主婦の夫の性別役割分業観を比較すると、妻がパートタイムと専業主婦の夫は変わらず、「女性は家庭に」という考えに傾いていることが報告されている（伊藤・相良・池田、二〇〇六）。よって、妻が正社員ではない場合、たとえ働いていても家庭役割は妻側が担う構図になりやすい

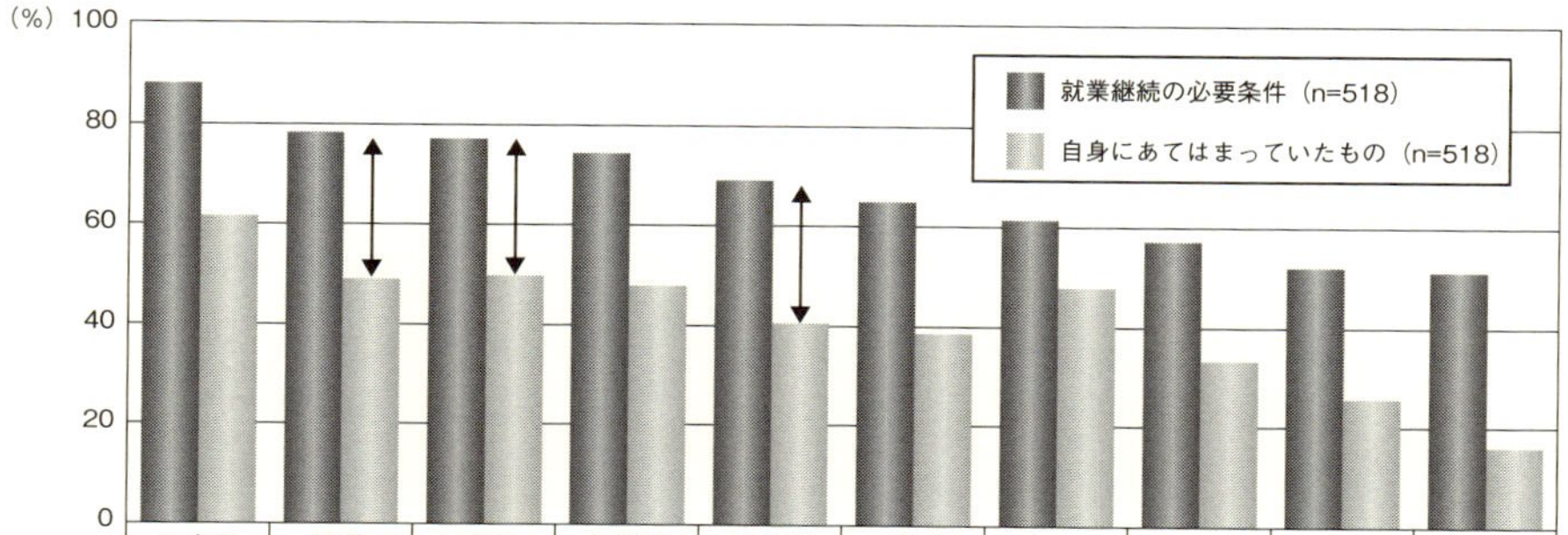

	認可保育園・認証保育園に子どもを預けられること	**休暇が取りやすい職場であること**	**配偶者の積極的なサポートがあること**	職場に仕事と仮定の両立に対する理解があること	**短時間勤務など、職場に育児との両立支援制度があること**	職場で妊娠や育児に関する嫌がらせなどがないこと	両親など親族の育児支援を得られること	残業が少ない職場であること	通勤時間が短いこと	仕事と家庭の両立に地域や社会全体の理解があること
就業継続の必要条件（n=518）	88.0	78.2	77.0	74.1	68.7	64.3	61.4	56.6	51.9	51.0
自身にあてはまっていたもの（n=518）	62.0	49.0	49.8	48.3	40.7	38.0	47.7	33.2	25.9	15.6
差分	26.0	29.2	27.2	25.8	28.0	28.3	13.7	23.4	26.0	35.4

図 6-4　正社員における「一般に継続就業に必要と考える条件」と「実際に自身にあてはまっていたこと」（複数回答）（内閣府，2013）

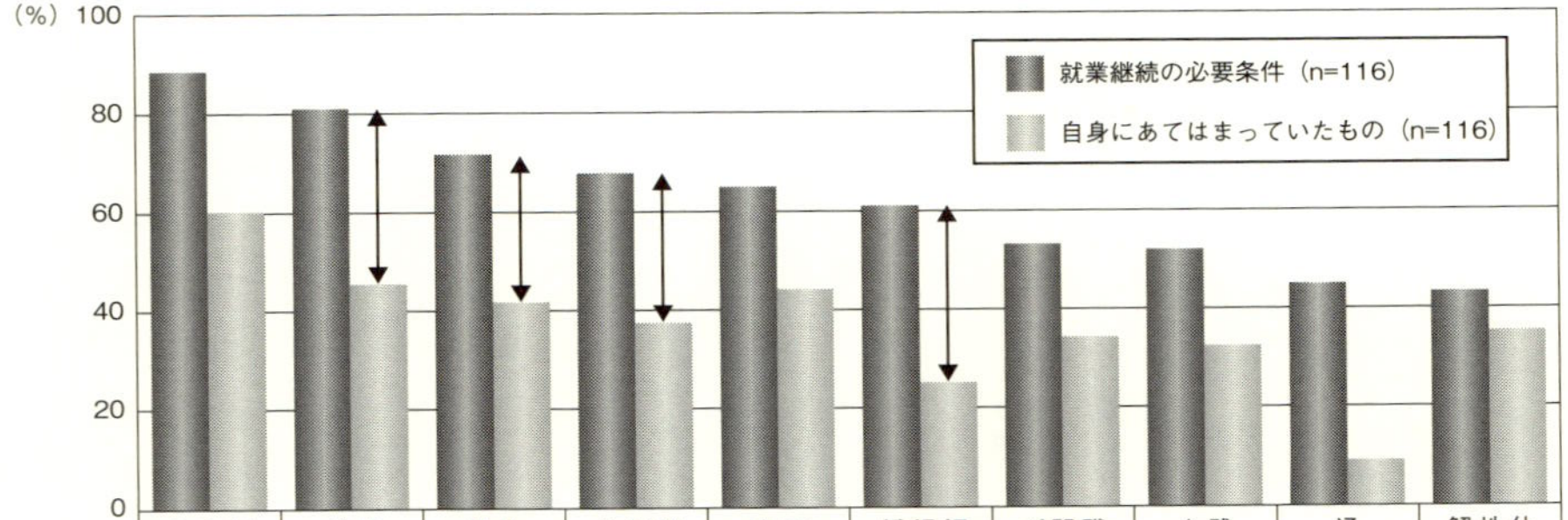

	認可保育園・認証保育園に子どもを預けられること	**配偶者の積極的なサポートがあること**	**休暇が取りやすい職場であること**	職場に仕事と仮定の両立に対する理解があること	両親など親族の育児支援を得られること	**短時間勤務など、職場に育児との両立支援制度があること**	職場で妊娠や育児に関する嫌がらせなどがないこと	残業が少ない職場であること	通勤時間が短いこと	仕事と家庭の両立に地域や社会全体の理解があること
就業継続の必要条件（n=116）	89.7	81.9	72.4	68.1	65.5	61.2	53.4	52.6	44.8	43.1
自身にあてはまっていたもの（n=116）	61.2	45.7	42.2	37.9	44.0	25.0	34.5	32.8	8.6	35.3
差分	28.5	36.2	30.2	30.2	21.5	36.2	18.9	19.8	36.2	7.8

図 6-5　非正規社員における「一般に継続就業に必要と考える条件」と「実際に自身にあてはまっていたこと」（複数回答）（内閣府，2013）

といえる。また、仕事と家庭の両立の際に生じる葛藤（ワーク・ファミリー・コンフリクト）は、男性では、共働きか妻が専業主婦かによらず一定に低く、共働きの女性では高いことも報告されている（金井篤子、二〇〇二）。

また、就労復帰後は、その就労形態が継続されることが多いが、四〇代、五〇代になると家族の介護等の問題に直面する時期を迎える。外部の支援サービスを利用しながら就労を継続する者がいる一方、離職せざるを得ない状況になる者も多い。二〇一二年から過去五年間に介護・看護のために前職を離職した者のうち、女性が八割（三八万九〇〇〇人）を占めているのが現状である（総務省、二〇一二a）。

妊娠、出産、育児、介護を乗り越えながら女性が就労を継続させていくためには、法整備、環境整備は欠かせない。しかし、いくら制度や環境を整えたとしても、男女ともにそれらを実際的に活用できるような組織、社会の理解や雰囲気作りこそが重要であろう。また、どのような選択をしたとしても、一人ひとりが自らの出来事を転機として受け止め、主体的に自分自身のキャリアを考え、次のキャリアへと活かしていくことが大切である。

(3) 女性のキャリアと学び

女性の働き方、生き方が多様になっていることは、それだけ価値観が多様化しているということでもある。

二〇代から五〇代の女性にライフステージに応じた理想の働き方を調査したところ、三分の二（67・4％）の女性は、子どもが小さいうち（末子が未就学児のうち）は、専業主婦でいることを理想としている（橋本、二〇一二）。専業主婦は「男は仕事、女は家庭」という考えに賛成する傾向が高く（伊藤・相良・池田、二〇〇六）、育児についてもそうした性別役割意識が反映されていることや子どもが小さいうちは専業主婦として一緒に過ごしたいという希望により選択されている傾向にあることがうかがえる。

また、非正規の雇用形態についた主な理由をみると、男性では「正社員としての仕事がない」が最も多いのに対し、女性では「自分の都合の良い時間に働きたい」が最も多い。ほぼ同じ割合で「家計の補助・学費などを得たい」という理由があがっており、次いで「家事・育児・介護等との両立がしやすい」という理由があがっている。男性で最も高い割合であった「正社員としての仕事がない」は一割強であり、四番めに位置する（図6-6）。また、子ども（末子）が小・中学生のうちの理想の働き方として、約五割（48・5％）は短時間勤務を理想としてあげており、正社員は25・8％、専業主婦は15・2％であった。子どもが高校生以降となり、ようやく正社員が短時間勤務を上回っていく様相である（橋本、二〇一二）。すなわち、子どもの成長とともに、働くことを希望する女性は増加しているが、自分自身や家庭の生活とバランスのとれる働き方を重視していることがわかる。この背景には、女性が家庭役割の大部分を担わなければならないという現実にもとづく希望も含まれると考えられる。しかし、働くこと、働き続けること、正社員であること、家庭と仕事を両立すること

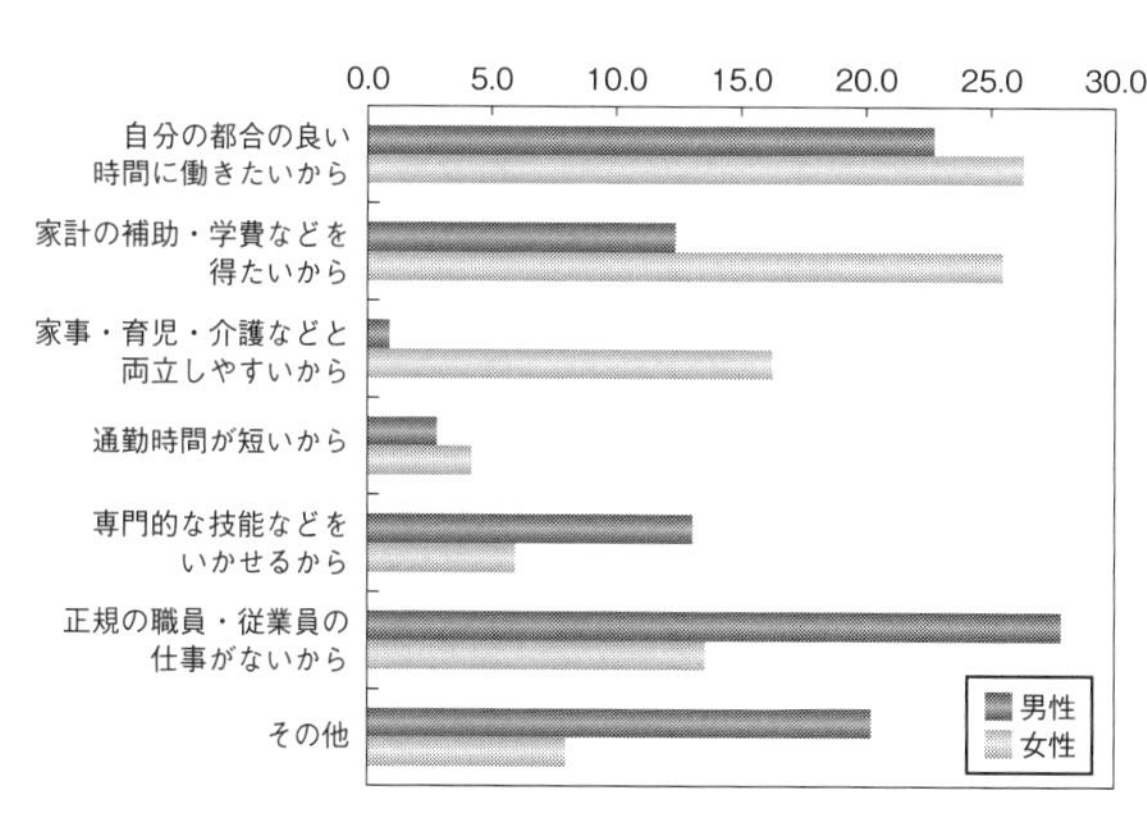

図6-6　現職（非正規）の雇用形態についた主な理由別の割合
（総務省，2014b）

を、すべての女性が求めているわけではなく、どの時期にどのような選択をすることも可能であることが求められているといえる。

また、大学通信教育課程（私立）では、三〇代から五〇代は男性に比べて、女性の在籍者数が多く、中でも四〇代の女性の在籍者数が最も多い（図6-7）。実際に、通信という特性を生かし、子育ての空き時間をうまく活用して学んでいる学生や子育てが一段落したときに家庭や仕事との両立を見計らいながら学び始める学生も多い。第3章で取り上げたように、成人は自分自身の人生におけるさまざまな出来事や経験が契機となって学習動機が高まることは少なくない。結婚、出産、育

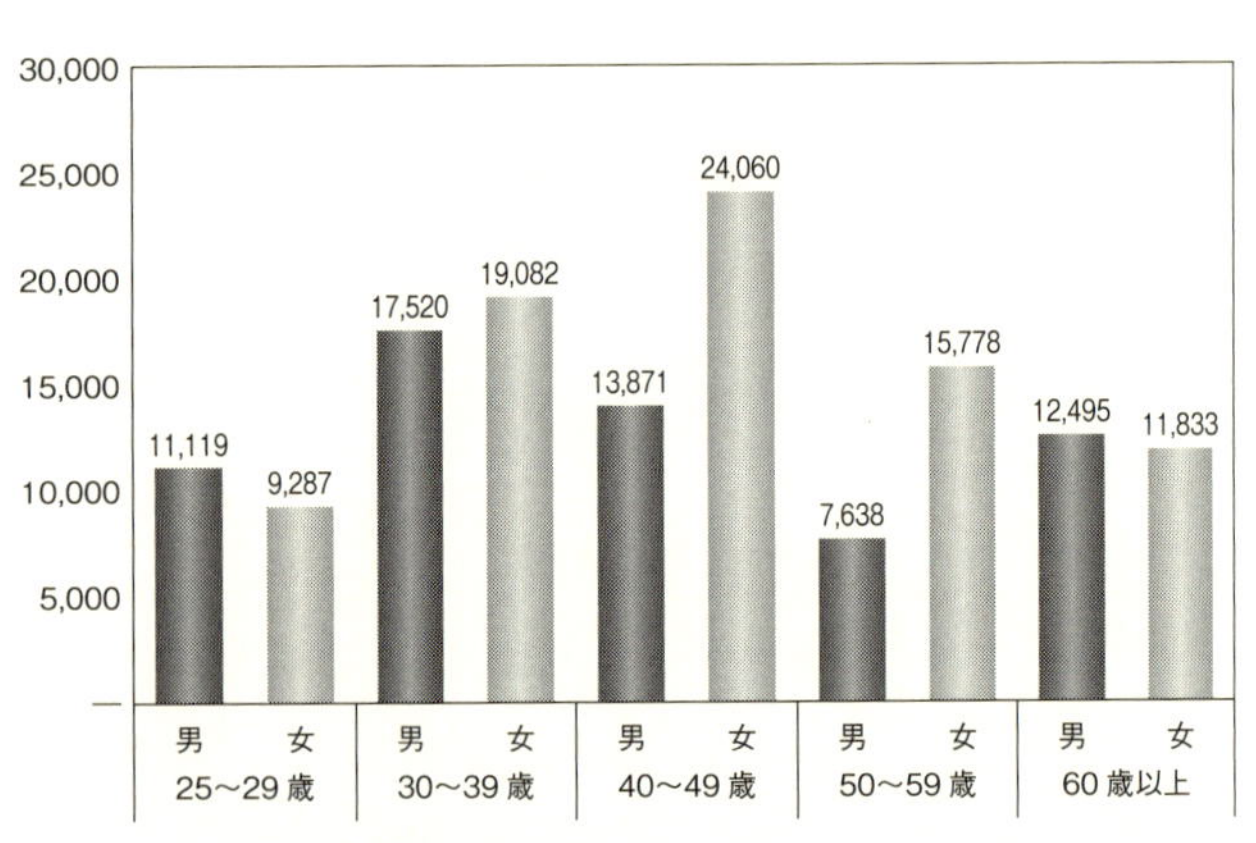

図 6-7　大学通信教育課程の年齢別学生数（私立大学、正規の課程）
（文部科学省，2015c）

児、介護といったライフイベントの体験や、家庭役割、仕事役割、配偶者役割といったさまざまな人生役割の経験から、新たな学問分野に興味を持ち、以前とは違うキャリアに目を向け学び直す学生も多い。シュロスバーグのトランジションの考え方を援用すると、どのような出来事、障壁も転機ととらえ、適切に柔軟に対処することで新たなキャリアや自己成長へとつながっていく。ワークかライフかという二者択一ではなく、ラーニングも加えてキャリアをデザインしていく選択肢もある。

2――ダイバーシティとキャリア

生き方、働き方が多様化する昨今、ダイバーシティ（多様性）を活かした組織や社会のあり方が注目されている。女性の労働力率が高まっており、〝男性だから外で働くべき〟〝女性だから主婦になる〟といった伝統的な性別に対するステレオタイプ化されたとらえ方が、個人や社会の中で変わりつつあることは、この一つのあらわれといえる。

女性のキャリア形成において、キャリアは役割の組み合わせであるという視点からとらえるスーパーの考え方は有用である。従来「家庭人」は女性が担う役割と位置付けられることが多い一方で、女性の社会進出が進み「職業人」との重複する役割に葛藤を抱く女性の問題は多く取り上げられている。しかし、スーパー（Super, 1980）は、元来、役割と性別は関連づけられていないことを次のように述べている（青島、二〇〇九）。

〝「子ども」という役割にどちらの性別もありうるように、「市民」「職業人」「年金生活者」といった役割もまた、男性のもの、女性のものということはない。すべての家事を平等に分担する現代的な家族もあれば、妻が料理し夫が皿洗いをする、あるいは妻が洗濯をし、夫が芝生の手入れや電気製品の修理をするといったように役割を分担する伝統的な家庭もあるが、男性も女性と同様に「家庭人」という役割があるのが普通である〟（Super, 1980：青島訳、二〇〇九）

性別という枠組みにとらわれず、あくまで人間を一個人としてとらえている。そして、〝虹（レインボー）〟という色彩鮮やかな比喩によって説明することにより、折り重なる多様な役割を明るく描き出しており、前向きなキャリア観といえる。

また、ハンセン（Hansen, 1997：平木ら監訳、二〇一三）は、統合的ライフ・プランニングにおいて、多様性に価値を置くことを重要な課題の一つにあげている。多様性とは、あらゆる種類の違いのことであり、年齢、人種、民族、宗教、性的志向などを包括している。

近年、次第に柔軟にとらえられつつあるものの、性的マイノリティ（同性愛者や性同一性障害者など）のキャリアに関する問題についてはまだあまり理解されていない。二〇～五九歳の成人を対象にした調査結果より、7・6％が性的マイノリティであることが報告されている（電通総研ダイバーシティーラボ、二〇一五）。性的マイノリティ層では、就職・求職活動上での困難や職場や社会の理解不足により、キャリア形成が阻害されている問題が生じている。最近では、性的マイノリティ層の就労に対する支援機関も立ち上がり始めている。

また、選択定年制により従来より早く定年を迎えてセカンド・キャリアとして新たな職に就く人や定年後に大学で学び始める人も少なくない。大学、大学院ともに通信教育の六〇歳以上の学生の割合は、いずれもおよそ15％である（文部科学省、二〇一三）。大学や大学院で多様な年代の学生がともに学ぶことは、学生それぞれの刺激となりそこでの出会いや交流は机上の学問以上の価値があると考える。

個人が互いの違いを尊重し、個人も社会もそれを理解することを基盤として、一人一人が主体的にキャリアを発達させていくことが今後一層期待される。

身近な〝多様化〟について考えてみよう！

①最近、あなた自身が実際に体験したり、見聞きした「ダイバーシティ（多様化）」にともなう変化や取り組みとして、どのようなことがあるでしょうか。三つあげてみましょう。

②①であげたことは、あなたにとって、短期的、長期的にどのような効果、影響を及ぼす（あるいは及ぼさない）と考えますか？　まとめてみましょう。

第7章　適性と専門性

1――社会人と適性

(1)適性とは何か

適性とは、大辞泉によれば、〝性格や性質が、その物事に適していること。また、その性格や性質〟と定義される。英語では〝aptitude〟と表記されるが、(総合的な）適性、性向、傾向、素質、才能、鋭い理解力、聡明さ（リーダーズ英和辞典、一九九九）の訳があてられている。正田（一九八一）によれば、適性は〝課題や仕事を適切かつ効果的に成し遂げられる潜在面、顕在面での能力や特性〟と定義されている。

外島（二〇〇〇）は職業適性について三つの視点から説明している。一つめは、特定の職業や職務が必要とする要件と個人の特性との適合性があることである。二つめは、将来の職業や職務遂行の程度を予測する現在の状態のことである。これは、今まで学習してきたことを現在どの程度できるのかという「アチーブメント」を意味している。現在の状態を測定することは、過去からの学習の結果があらわれたものを測定していることになる。三つめとして、固定的な特性としてではなく、開発できる特性と考えるということである。今後の教育訓練や学習、経験、努力によって潜在能力が開花し、それが職業と適する可能性も含めて適性としてとらえる視点である。

スーパー（Super, 1969）は職業適合性の中で、能力的な側面の下位に適性を置いており、パーソナリティとは区別している。しかし、日本では適性を考えるときにはパーソナリティや態度など個人の特性について多面的、包括的に測定する傾向がある。人間関係スキルや組織の風土、価値観との適合性や、組織や集団への順応性や適応性などについても考慮されることが多い。

大沢（一九八九）においても、その仕事に適性があるか、ということは、「適応」という観点からも考えることができ、三つの適応の側面から職業との適合性をあげている。一つめは、職務適応（職務への適合性）である。これは、職務を遂行するうえでの能率の高さや成果の大きさに関わる概念といえ、仕事に求められる能力とその人の能力がマッチしているか、ということである。知能や知識、技能などの諸側面の機能といった能力的な適性が関わってくる。たとえば、経理的な業務につく人は、数や計算を扱うことへの高い処理能力が必要となる。また、歯科医になるには、知能的なレベルが高いだけではなく手先の器用さも重要な要因となるだろう。二つめは、職場適応（社会的環境への適応）である。これはどちらかというと、性格や気質といった面を示している。たとえば、職場の環境として、非常に体育会系の組織風土を持つ会社に入ったものの、当人は体育会に所属したこともなく内向的なタイプでもあり職場に馴染めない、ということから不適応を起こすような場合である。三つめは、自己適応（本人自身の意欲、満足感、自己実現に対する主体的適応性）である。これは、自分はこの仕事に合っている、満足している、という感じ方に関わってくるものであり、やりがいが感じられるかどうかという点でもある。それとともに、所属する組織の理念や事業の内容、マネジメント方針との適合性ということでもある。その人なりの適応の様式ということで態度的な適性といえる。

(2) 適性検査

個人の職業に対する適性について考え、知るためには、当人の経験や主観的な判断、内省が必要であるが、客観的な指標をもとにした情報も有益であり、必要である。好きなことと向いていることは必ずしもイコールの関係ではない。

「職業適性」とは〝職業活動が円滑で、より効果的に遂行されるために必要な個人の特性〟（馬場・馬場、二〇〇五）と説明される。職業適性を測定する心理検査を職業適性検査という。適性検査は、個人が自分の適性を理解する目的と企業や組織が採用や人材配置などに使用する目的に大別されるが、使用されるツールは共有されることが多い。

日本で主に使用されている適性検査を**表7-1**にまとめる。一般的には、職業適性を測定

表 7-1　主な適性検査（木村，2010 の分類を参考に作成）

	検査名	略称	内容
知能検査	田中ビネー知能検査		ビネーが開発した知能検査法を田中真一が日本版知能検査として発刊。2 歳～成人において適用可能であり、精神年齢と知能年齢を算出することが可能である。
	WAIS- Ⅲ知能検査	WAIS- Ⅲ	ウェクスラーが開発。16 歳から 89 歳まで適用可能であり、言語性 IQ、動作性 IQ、全検査 IQ の 3 種類の IQ と下位検査プロフィールから知能を判定する。
	General Ability Test	GAT	リクルートマネジメントソリューションズが開発。言語、非言語の 2 つの下位尺度から一般的な知的能力を測定する。
性格、パーソナリティ検査	■質問紙法		
	矢田部ギルフォード性格検査	YG	ギルフォードが作成した性格検査をもとに、矢田部達郎らが日本版を開発。120 の質問に回答し、結果のプロフィールから性格を測定する。
	東大版総合人格目録	TPI	東京大学が開発。500 の質問に回答し、性格特性と病理性の有無について判定する。
	ミネソタ多面的人格目録	MMPI	ハザウェイらが開発。550 の質問に回答し、10 種の臨床尺度と 4 種の妥当性尺度から性格を評価する。
	Myers-Briggs Type Indicator	MBTI	ブリックスとマイヤーズが開発。ユングの類型論をもとに 16 のタイプに分類し性格を分析し、自己理解をうながす。
	新版東大式エゴグラム	TEG	デュセイらが開発。交流分析にもとづく 5 つの自我状態を測定してグラフ化し、行動パターンを評価する。
	モーズレイ性格検査	MPI	アイゼンクが開発。外向性 - 内向性、神経症的傾向の 2 つの因子から性格を測定する。
	Revised NEO Personality Inventory	NEO-FFI	コスタらが開発。60 項目の質問に回答し、ビッグファイブの 5 因子にもとづく性格傾向を評価する。
	Five Factor Inventry	NEO-PI-R	NEO-FFI の短縮版。30 項目から構成される。
	■投影法		
	ロールシャッハ・テスト		ロールシャッハが開発。10 枚のインクのしみを順に示し、それぞれどのように見えるかの反応から、性格を診断する。
	主題統覚検査	TAT	モーガンらが開発。12 枚の図版に描かれた登場人物について物語を作り、その内容から欲求や環境的な圧力を評価する。
	PF スタディ		ローゼンツァイクが開発。欲求不満が喚起されるような場面などが描かれたイラストの空白の吹き出しの発言を記入し、その反応の内容から、比較的意識されやすい反応傾向を評価する。
	精研式文章完成法テスト	SCT	佐野勝男・槇田仁が開発。文章のはじめの部分だけが与えられ、それに続けて文章を作成する。完成された 60 の文章から知的、情意、指向、力動、身体、家庭、社会的要因など多面的に評価する。
	■作業検査法		
	内田クレペリン精神検査		クレペリンの研究をもとに内田勇三郎が開発。隣り合う数字について 1 桁の計算作業を行わせ、作業曲線から性格を判断する。
職業適性検査	厚生労働省編一般職業適性検査	GATB	厚生労働省が開発。11 種類の紙筆検査と 4 種の器具検査によって、9 種の性能（言語能力、数理能力、空間判断力、器用さなど）を測定する。
	職業レディネス・テスト		労働政策研究・研修機構が開発。「職業興味」を測定する A 検査と「基礎的志向性」を測定する B 検査、「職務遂行の自信度」を測定する C 検査から構成され、職業に対する準備度（レディネス）を測定する。
	管理者適性検査	NMAT	リクルートマネジメントソリューションズが開発。マネジメント職である中間管理者としての性格的、能力的な適性について 4 つの役職タイプ別に測定する。
	中堅社員適性検査	JMAT	リクルートマネジメントソリューションズが開発。中間中堅社員層との性格的・能力的適性を 3 つの職務タイプ別に測定する。
	職業興味検査	VPI	ホランドが開発。160 種の職業名に対する興味の有無を回答する。現実的、研究的、社会的、慣習的、企業的、芸術的の 6 つの興味領域と 5 つの傾向を測定する。
精神的健康	コーネル・メディカル・インデックス	CMI	ブロードマンらが開発。身体的、精神的な症状の有無について回答し、作成されたプロフィールから、心身両面の自覚症状を詳細かつ勘弁に判定することが可能である。
	GHQ 精神健康調査票	GHQ	ゴールドバーグが開発。身体症状、不安・不眠、うつ傾向などから精神的健康度について多面的に把握する。60 項目の調査票とその短縮版である 28 項目、12 項目の調査票がある。

するために作成された検査だけではなく、知能やパーソナリティ、精神的健康など幅広い尺度が使用される。適性検査の多くは、実施方法がいずれもマニュアルやそれに準ずるものによって規定されている。また、実施者に十分な訓練を要するものから誰もが比較的容易に実施できるものまで実施の難易度も多様であるため、実施する際には留意が必要である。

さまざまな心理尺度を使用して個人の心理傾向を測ることは、適性を知る際の参考になることもある。しかし、適性検査として尺度や指標を用いる際には、目的に沿ったものを適切に使用すること、および、測定精度の高いものを使用することが重要である。また、他者に実施する際には、当然のことながら本人の同意を得ることが必須である。

2 ── 社会人の学びと専門性

(1) 専門性とは何か

専門性を表す類似した概念として「スペシャリスト」「エキスパート」「プロフェッショ

ン」という言葉がある。まずは、大辞泉等を参考にこれらの語意の違いを考えてみたい。

　スペシャリスト（specialist）は〝専門家〟のことであり、反対語はゼネラリスト（gereralist：多方面の知識、技能を有する人、一般職の人）となる。エキスパート（expert）も同様に〝専門家〟の意があるが、熟練者や達人といった意味も含む。スペシャリストがある特定の分野における知識やスキルを有する専門家であるのに対して、エキスパートは、職人的な技や勘といったものをも含む、まさしくその道の熟達者、専門家といった意味と理解することができる。では、プロフェッション（profession）は何かというと、〝専門的職業〟とされる。すなわち、特定の分野の専門性を有し、そのことを職業にしていることである。反対語はアマチュア（amateur：素人、愛好家）である。profession には信仰告白という意味もあり、人が宗教に入信するときに信仰を告白する profess という語に由来するという。神職・医師・弁護士の三職業を the profession といい、これらは古典的プロフェッションであるとされてきた（田尾、一九九一）。

　こうした相違をふまえたうえで、本節ではスペシャリストとプロフェッションに焦点をあてる。

田尾（一九九一）は、スペシャリストは〝ある狭い範囲のことについて、深く熟知している人〟と定義しており、専門性や自律性、社会的威信などでプロフェッションと、領域の広さでゼネラリストと対比されると述べる。なお、ゼネラリストについては、〝組織が必要とするすべての領域について、深くはないが平均的で概括的な程度の知識や能力を備えている人〟と説明している。他方、プロフェッションは、〝高度の専門的な知識や技術によって成り立つ職業〟と定義している。さらに、田尾（一九九五）は先行研究を概観したうえでプロフェッションの特徴を以下の五つにまとめている。

①専門的な知識や技術

プロフェッションとして、高度な知識や技術を修得し、それを実際的に活用できなければならない。医師に医学、弁護士に法律学のように、知識や技術に一貫した体系があり、大学のような高等教育機関などでそれを教授できなければならない。体系的に学んだからこそ専門的な権威を得て、それを行使することができるようになるのである。その一つに、名称や業務の独占がある。医師や弁護士は、国家資格に合格しなければ、その名称を名乗ることもその独占業務も行うことができない。また、特定の専門領域の団体が認定試験を課して、合格した者に称号を与える、ということもある。

②自律性

組織の権限関係から離れて、自らの職業上の要請にそって仕事を進めることができる。プロフェッションは、組織の権威に対して干渉されない立場を保持できる、あるいは保持しなければならない。また自律性が発達すると、独自の行動規範や文化が生み出される。裏返すと、他の社会集団からは閉鎖的であって、対外的には独自性を強調する。何に意味があり、価値が置かれるのかがプロフェッション集団の中では共有、同調されており、内部では結束に向かうという。たとえば、服装、紋章、隠語などはプロフェッション文化の極致である、と田尾は表現している。

③仕事へのコミットメント

プロフェッションは、金銭的な報酬や人間関係のために働くという外発的な動機ではなく、仕事それ自体のために働くように内発的に動機づけられている。仕事へのコミットメントが強いことがプロフェッションの職業を特徴づけており、仕事そのものに誇りと自信をもつことがプロフェッションの立場を支えているといえる。

④同業者への準拠

プロフェッションでは、近くの仕事仲間よりも、遠くの同業者との関係を重視することが多い。組織によって作成された内部の規律よりも、同業者が独自に作り出した、組織外の規範がプロフェッションの行動を律しているといえる。たとえば、医師会、弁護士会などの専門家の団体が、所属している組織とは別に結成され、行動を規制することになる。一方で同業者同士による庇いあいなどの危険性もある。

⑤倫理性

プロフェッションは、高度な専門的知識と技術によって、素人にサービスを提供する。専門的な知識や技術をもたない素人に対して、いわば一方向的に特権的な権威を行使する立場にあり、対等な関係ではありえない。それゆえに勝手なことは許されないという規範によって行動は拘束され、プロフェッションはその特権に見合うように、公共の福祉の向上のために貢献しなければならない。したがって、プロフェッションには独自の倫理綱領が備えられ、それを遵守することが求められる。プロフェッションの職業には、倫理性が重視される。

森田（二〇一〇）は、これからの個人のキャリア形成においては〝組織に依存しない自律的なキャリア形成をする必要性〟と〝そのために職務を重視し、専門知識や専門技術を高める、もしくはプロフェッショナルを目指す必要性〟があることを述べている。また、プロフェッショナル従事者、すなわちプロフェッションの特徴として、以下の五つをあげ、それに対応した職業に対する専門性志向の程度を測定する尺度を開発している（表7-2）。

谷内（二〇〇七）は、スペシャリストとプロフェッションの違いについて、スペシャリストは会社に対する帰属意識や忠誠心が高く、終身雇用をベースにしたストック型人材（正社員）であるのに対し、プロフェッションは会社に対する帰属意識や忠誠心は低く、短期雇用（有期契約）や業務委託をベースにしたフロー型人材（非正規雇用者）であると述べている。さらに、その知識や専門性については、スペシャリストに比べてプロフェッションのほうが汎用性、通用性があり、市場価値が高いと説明している。

たとえば、組織内の経理部に所属し、会計や経理という専門分野での知識やスキルを高めていくことで、〝経理のスペシャリスト〟

表 7-2　職業専門性志向尺度の因子と内容、項目例（森田，2010）

	内容と項目例
利他主義	他人の利益や幸福を考えて仕事をすること • 一部の人間だけでなく社会全体のためにもなるような職業 • 仕事を通して、自分だけでなく社会にもメリットをもたらすことのできる職業 •「この仕事をすることが世の中のためになっている」と感じられる職業
自律性	組織の制約から比較的自由であること • 自分の判断によって仕事を進めるような職業 • 仕事のやり方は自分で考えていくタイプの職業 • 仕事の目標は自分で立てていくタイプの職業
知識・技術の修得と発展	知識・技術を、訓練によって修得し、科学的態度に基づき不断によって発展させること • 仕事の内容と学校で学んだこととの関連が深い職業 • 学校で学んだことを仕事の中で発展させていくような職業 • 学校で学んだ知識や技術を活かすことのできる職業
資格等による権威づけ	資格等によって、その職業に関する方面での優れた人物として認められること • 「社会的地位が高い」と感じられる職業 • 世間の人々から尊敬されるような職業 • 資格を持つ人間だけが仕事をすることを許される職業
仕事仲間との連携	集団における自己規制を受け入れ、周囲とつながって仕事をすすめること • 仲間どうしで助け合いながら仕事をする職業 • 仕事をする仲間どうしのつながりが強い職業

にはなることはできるが、〝経理のプロフェッション〟と容易にいうことはできない。この点について、大久保（二〇〇六）は、企業組織にとって高い価値がある分野であれば、分野を問わずプロフェッションが求められるが、プロフェッションが存在する領域はきわめて高度で深みのある専門性を有する領域だけであると指摘する。プロフェッションに位置づけられるものの一つには公認会計士があげられるだろう。公認会計士は、監査および会計の専門家として、独立した立場で業務に徹し、公正性と信頼性を確保しなければならない。さらには、そうした役割や業務は、国民経済全体の健全な発展に貢献しなければならないものであり、高い倫理性も求められる。したがって、特定の分野の専門性を有することでスペシャリストになることはできても、多様な特徴を十分に備えたプロフェッションになることは、非常に難しいといえる。専門領域の資格を持ち、その職に就くことがそのままプロフェッションを意味しているわけでもない。

近年は、産業構造が複雑化し、組織内での課業が細分化、専門化するにつれて、組織に所属しつつも、プロフェッショナルな働き方をする人材も増えている。これは「組織内プロフェッショナル」と呼ばれ、〝企業など組織に雇用され、職務に対する主体性と専門性を持ち、組織の中核として評価される人材（宮下、二〇〇二）〟と定義される。〝職務に対する主体性を持つ〟とは、自らの担当する職務の選択や意思決定においてかなりの影響力を行使することができる状態を意味する。〝職務に対する専門性を持つ〟とは、十年程度の職務経験と継続的な学習によって、外部にも通用する職務の知識や能力を獲得していることである。〝組織の中核〟とは、組織内で中間管理職と同等以上に位置づけられる人材とされる。この三つの要件を満たす組織内プロフェッショナルは、専門職、管理職とも異なる独自の存在となる（宮下、二〇〇二）。

また、大久保（二〇〇六）は、〝経験によって積み上げられた高い知識や技術を持ち、その道を自分の専門領域としていくという腹決めができていて、高い職業倫理観を持ち合わせている〟人材を「ビジネス・プロフェッショナル」と位置付けている。特定の技術を担う「エキスパート型」（顧客接点系〈営業、販売など〉、金融系専門職、人材系専門職、法務系専門職、コンサルタント、カウンセラーなど）、経営を担う「ビジネスリーダー型」（取締役、事業部長、経営企画）、変革・創造を担う「プロデューサー型」（新規事業開発、プロジェクトリーダー、クリエイティブ職や営業職の一部）というプロフェッションの三つのコースを提示している。それに対して、医師や弁護士のような職業にある人は「ステイタス・プロフェッショナル」としている。プロフェッションは、古典的なプロフェッションから、時代の変化とともにその定義が変遷し、働き方も組織の内外を問わないような形へと多様化している。そうした中で、専門性を高めることだけではない、プロフェッションとしての意識を高めていくことが、自律的なキャリア形成が求められる時代において重要といえよう。高橋（二〇〇五）は、スペシャリストは専門性を発揮することに存在価値があるが、プロフェッショナルは働き方のことであり、専門性は道具に過ぎないと述べている。これからは何を専門とするかを越えて、その専門性をもとにどのように働くかが、真のキャリアとして問われていくことになるといえよう。

(2) 専門性を高めるために

① 大学院で学ぶ

専門性を高めるための方法として、ここでは大学、さらには大学院の活用を考える。

まず、どのような専門性を身につけるうえでもその基礎となる知識、理論を修得し、土台を作らなければならない。よって、専門にしたい分野がある場合、まずは大学学部でその基礎を学ぶことを考えてみることが良い。まったく教育を受けた経験がない分野に進もうとする場合、大学や短大等の既卒者であれば、所定の条件が満たされていれば三年次や四年次への編入制度が可能な場合があるため、大学学部で一年ないし二年間その専門分野を学ぶことから始める方法もある。当然ながら、特定の資格が得られるような比較的職業と直結する大学学部（たとえば、医師、薬剤師、看護師などの医療系学部など）では、まずは大学で基礎となる知識や技術を学び、資格をとることがその専門分野で働くことの入口である。

しかし、大学では一般にその分野の基本を身につけたに過ぎない。その基本を固めながら専門性を身につけ、さらに高めていくためには、実務の経験も必要ではあるが、大学院で学ぶことも有用であり、場合によっては、特定の資格を得るためや職務に就くためには必須となる。

一九九〇年以降、夜間大学院や昼夜開講制の導入、サテライト・キャンパスや通信制大学院の設置など、大学院への社会人受け入れにむけた制度の整備が弾力的に進められてきた。二〇〇三年からは、さまざまな職業分野における実践的な教育を行い、高度で専門的な知識と能力をもつ実務家を養成することを目的とした専門職大学院（Professional Graduate School）制度が開始され、社会人の学びに新たな門戸が開かれた。①少人数教育（双方向的・多方向的な授業、事例研究、現地調査などの実践的な教育方法をとること）、②研究指導や論文審査は必須としないこと、③実務家教員を一定割合置くこと、などが制度上定められている。二〇一五年時点で開設されている専門職大学院は、法曹（法科大学院）（五四校）、会計（一三校）、ビジネス・MOT（技術経営）（三三校）、公共政策（八校）、公衆衛生（四校）、知的財産（三校）、教育（教職大学院）（二七校）、臨床心理（六校）、その他（ファッション、情報、環境、助産など、一四校）の一六二校である（文部科学省、二〇一五d）。

近年、多少の増減はありつつ社会人の大学院生数は横ばいの状態である（図7-1）。修士課程院生の約1割、専門職大学院の院生の約半数が社会人入学者である。また、社会人入学者のうち、修士課程では約半数、専門職大学院では約四分の一が女性である（文部科学省、二〇一五c）。

また、社会人を経験した後、大学院へ進学した者の大学院進学前の社会人年数は、平均7・8年であり、一〇年以上社会人を経験した者は三割を超えていた。また、63・2%は大学院に在学しながら仕事を継続していることが報告された（リクルートワークス、二〇一〇）。

では、社会人における大学院への入学目的と大学院で得られたものは、実際どのようなことか。正社員かつ大学卒・大学院卒の男女で、大学院入学経験がある、もしくは大学院入学意向のある社会人を対象に、大学院への最も重要な入学目的を調査した結果では、「教養を深めるため」と「仕事に必要な専門的知識や技術を身につけるため」の割合が順に高いことが報告されている（図7-2）。

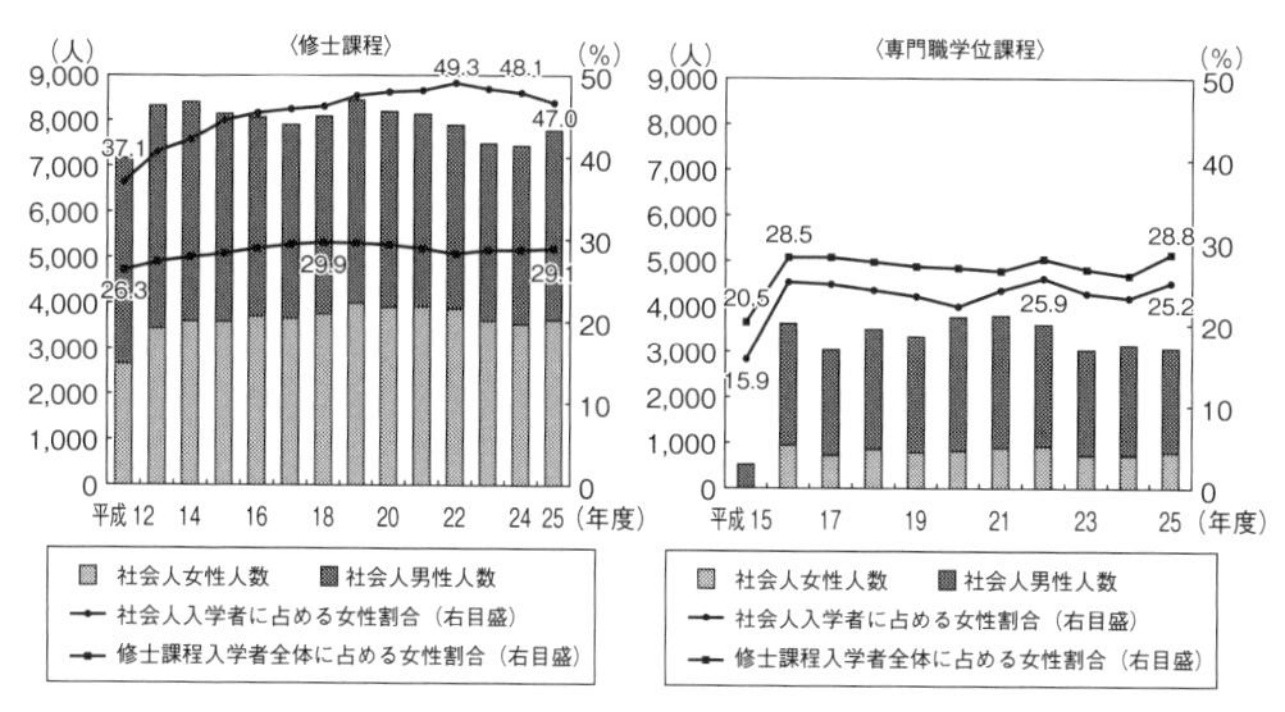

図7-1　大学院における社会人入学者数の推移
（学校基本調査をもとに内閣府，2014が作成）

また、同サンプルのうち、大学院修士課程の修了者に対して、大学院修士課程で得られたもの・達成したものを尋ねた調査では、教養や論理的な考察力が得られたことに続き、仕事に必要な基礎的、専門的な知識やスキルの修得があげられている（図7-3）。

前項でみたとおり、専門的な知識や技術を身につけることだけが専門性を高めることではない。それはスペシャリストの範囲である。プロフェッションの観点から考えると、専門的な知識や技術を修得するとともに、専門家としての働き方について考えを深め、プロフェッショナルな意識を培っていくことが求められる。一見、専門分野とは関係しないような学問分野の知識に触れることや、教養を深めることによって、考える視野が広がり、新たな発見を得

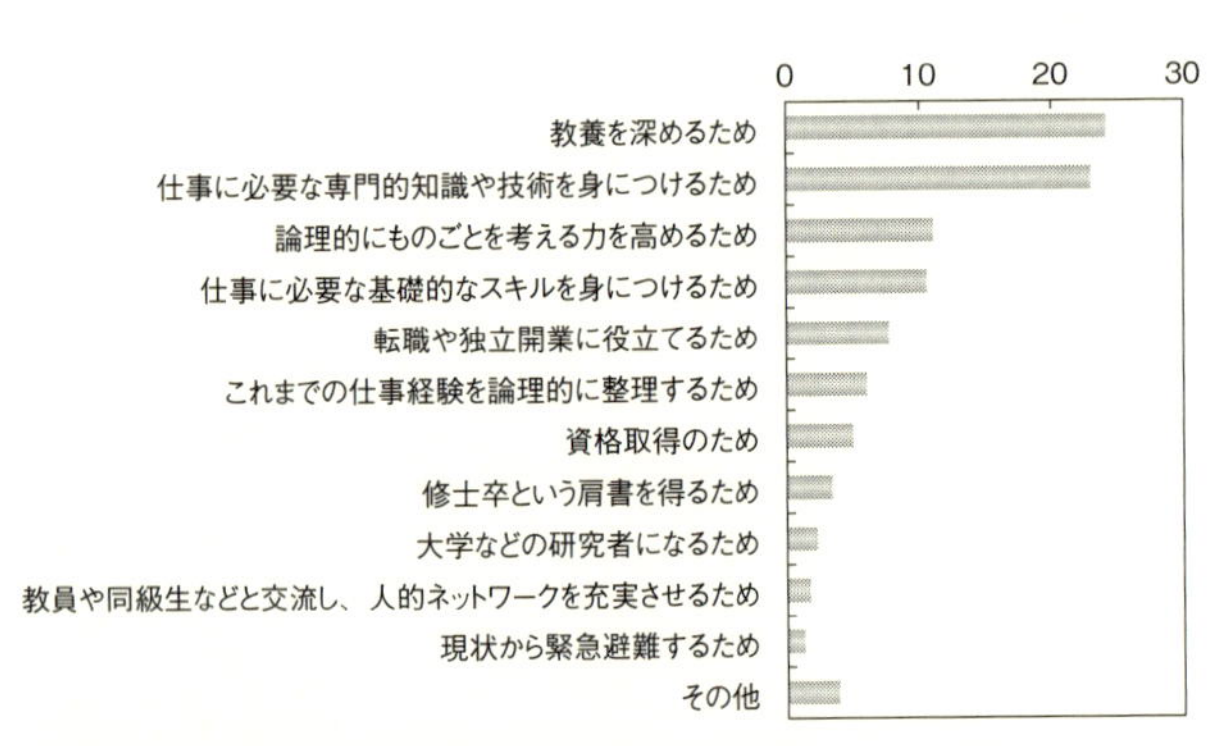

図7-2　最も重要な大学院の入学目的（リクルートワークス，2010）

ることは多い。さらに、大学院ではレポートの作成や研究発表の場が多く設定される。そうした場で論理的な思考力や表現力を修得できることの意義も非常に大きいといえる。

②資格を取る

資格の取得を目指すことは、専門性を高める一つの手段である。資格を取るためのプロセスが、その専門分野の知識やスキルを体系的に学ぶのに適していることも多い。

学士、修士、博士という学位は、高等機関における教育課程をおさめたことの証であり、資格である。各学位の後に付される学問分野によって専門が示される。たとえば、学士（医学）や修士（経営学）な

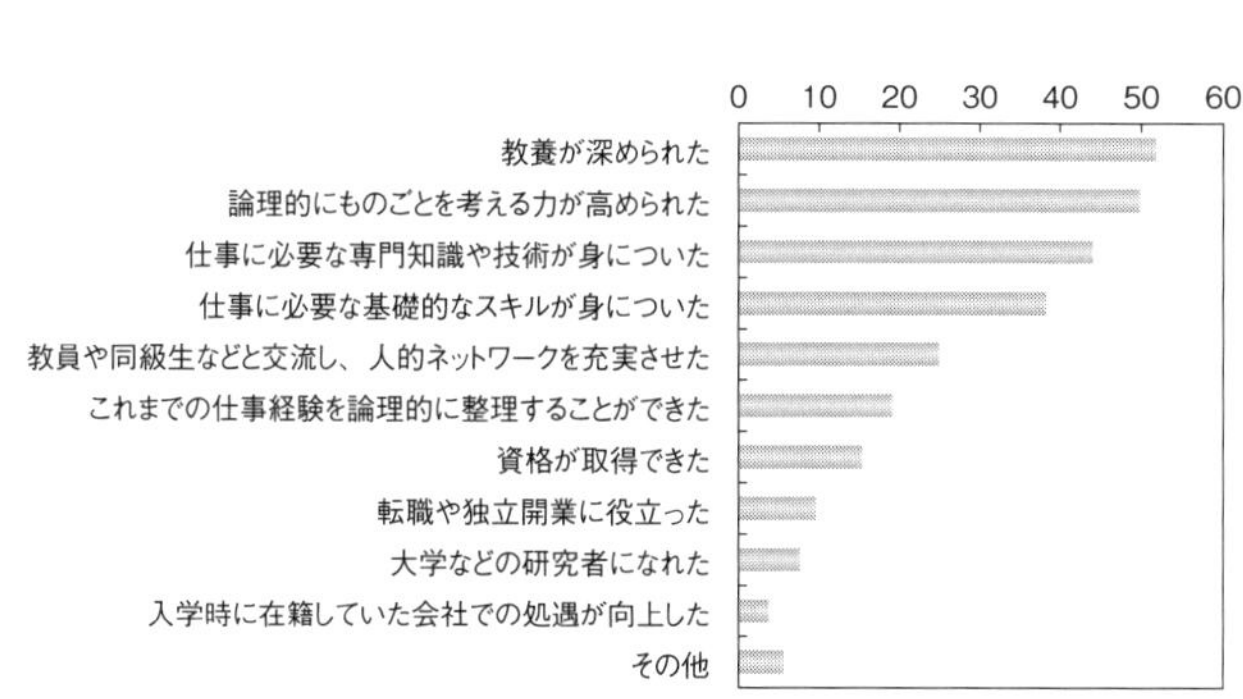

図 7-3 大学院修士課程で得られたもの・達成したもの
（リクルートワークス，2010）

どである。

また、資格には国家資格、公的資格、民間資格がある。国家資格は、国が法律にもとづいて、特定の分野における能力、知識、技術が一定の基準以上であると判定し、特定の職業に従事すると認め、証明する資格である。国家資格は**表7-3**のように分類される。

さらに、これらは試験を実施する主体の違いによって、国が行う試験（例として、司法試験、管理栄養士など）、地方公共団体が行う試験（例として、栄養士、職業訓練指導員など）、法律で指定された団体が行う試験（例として、技術士、衛生管理者など）に分類される（文部科学省、二〇〇六）。

一方、公的資格とは、国家資格と民間資格の中間に位置付けられる資格であり、民間団体や公益法人が実施し文部科学省や経済産業省などの官庁や大臣が認定する資格である。民

表7-3　国家資格の分類（文部科学省，2006より作成）

独占業務資格	弁護士、公認会計士、司法書士のように、有資格者以外が携わることを禁じられている業務を独占的におこなうことができる資格
名称独占資格	栄養士、保育士など、有資格者以外はその名称を名乗ることを認められていない資格
設置義務資格	特定の事業をおこなう際に法律で設置が義務づけられている資格
技能検定	業務知識や技能などを評価するもの

間資格は、民間団体や企業が、独自の審査基準を設けて任意で認定する資格である。

これらのさまざまな資格の中から、キャリア形成に活かせる、あるいは活かしたい資格を目指すことは具体的な目標ができ、学びの励みになることも多い。特に、社会人になってから実務を経て学ぶことに、より具体的に理解することができ、学びが進みやすいことも多くある。しかし、重要なことは、資格を取ることをゴールでなくスタートととらえることではないだろうか。資格は、専門分野を体系的に学んだ結果であり証であるが、それ以上ではない。〝専門性は道具に過ぎない（高橋、二〇〇五）〟という言葉にあるように、その資格をもってプロフェッショナルな働きができるかが問われていくのである。

ワーク7

自分の強みに目を向けよう！

①あなたがこれまで取り組んだ仕事内容の中で、最も満足した（あるいは充実していた、達成感に満ちた、興味を持った）ことを一つあげてください。その後で、次の問いにこたえましょう。

・なぜ、そのように感じましたか。
・その仕事を行う中で、あなたは何を大切にしていましたか。
・そのことから何を学び、どのようなことを得たと思いますか。
・その経験をふまえて、あなたの強みとはどのようなことであると思いますか。

※取り上げる仕事内容を一つに絞り切れない場合には、複数あげて、それぞれについて同じ問いをし

てみましょう。

※職業としての仕事内容があがらない場合には、広義の仕事（ワーク：第1章参照）ととらえて考えてみましょう。

第８章　社会人学生のよりよいキャリア・デザインをめざして

1――「ワーク」と「ライフ」の調和から統合へ

社会人学生は、仕事・家庭・学びという多様な領域で、それぞれの役割を果たしながら過ごしている。本章では、そうした社会人学生が、それらを調和、統合させながら生き生きとキャリアをデザインしていくために、おさえておきたい考え方や心のはたらきを取り上げてみたい。

どのように働くか、どのように生きるか、という問いとともに、昨今注目を集めているのが、「ワーク・ライフ・バランス（Work Life Balance：WLB）」である。これは、「ワーク（仕事）」と「ライフ（私生活）」の間につり合いが保たれた状態のことをいう。厚生労働省（二〇〇六）は、ワーク・ライフ・バランスを〝働く人が仕事上の責任を果たそうとすると、仕事以外の生活でやりたいことや、やらなければならないことに取り組めなくなるのではなく、両者を実現できる状態〟と定義している。また、内閣府（二〇〇七）によれば、ワーク・ライフ・バランスが実現された社会とは、〝国民一人ひとりがやりがいや充実感を感じながら働き、仕事上の責任を果たすとともに、家庭や地域生活などにおいても、子育て期、中高年期といった人生の各段階に応じて多様な生き方が選択・実現できる社会〟であるという。しかし、内閣府（二〇一二b）の報告では、ワーク・ライフ・バランスが実現された社会、すなわち「就労による経済的自立が可能な社会」「健康で豊かな生活のための時間が確保できる社会」「多様な働き方・生き方が選択できる社会」という三つの社会について、良い変化はあまり実感されていないことが示されている（図8-1、8-2、8-3）。[4]

また、ワーク・ライフ・バランスの希望と現実をみると、男性では、約半数が「仕事」「生活（家庭生活、地域・個人の生活）」をともに優先を希望するものの、現実には約半数が「仕事」優先となっており、理想と現実との間に乖離がある（図8-4）。一方、女性では、希望として「生活」優先が46・0％、「仕事」「生活」優先が43・9％でほぼ同程度であるが、現実では約半数が「生活」優先となっており、「仕事」「生活」優先は17・1％にとどまっている（図8-5）。よって、生き方、働き方とそのバランスにおいては、希望と現実の間

4　「就労による経済的自立が可能な社会」：経済的自立を必要とする者とりわけ若者がいきいきと働くことができ、かつ、経済的に自立可能な働き方ができ、結婚や子育てに関する希望の実現などに向けて、暮らしの経済的基盤が確保できる社会。「健康で豊かな生活のための時間が確保できる社会」：働く人々の健康が保持され、家族・友人などとの充実した時間、自己啓発や地域活動への参加のための時間などを持てる豊かな生活ができる社会。「多様な働き方・生き方が選択できる社会」：性や年齢などにかかわらず、誰もが自らの意欲と能力を持って様々な働き方や生き方に挑戦できる機会が提供されており、子育てや親の介護が必要な時期など個人の置かれた状況に応じて多様で柔軟な働き方が選択でき、しかも公正な処遇が確保されている社会（内閣府、二〇一二）。

に差があり、多くの個人、あるいは社会全体において、ワーク・ライフ・バランスが実現されているとは言い難い。

中でも、仕事と家庭との間の葛藤をワーク・ファミリー・コンフリクトという。これは、役割間葛藤の一つであり、仕事役割と家庭役割という二つの異なる役割のプレッシャーを同時に受けることで葛藤（コンフリ

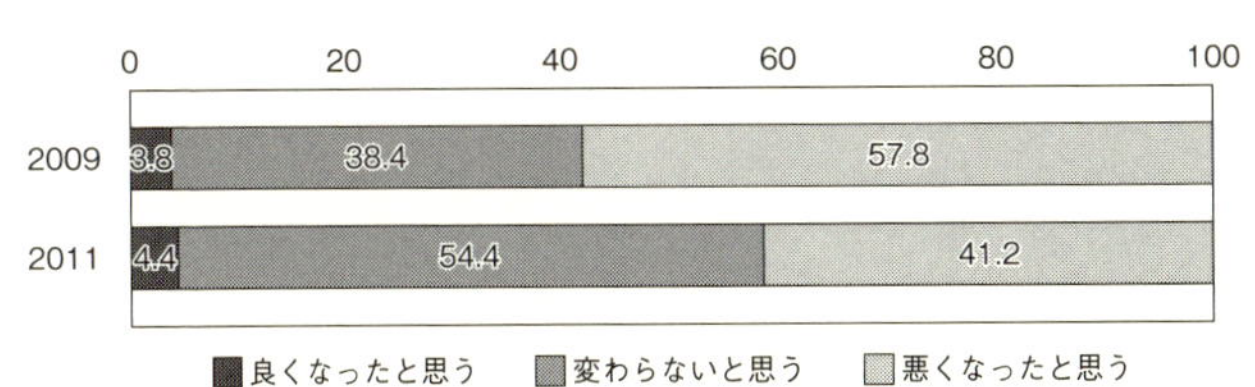

図 8-1　就労による経済的自立が可能な社会（内閣府，2012b）

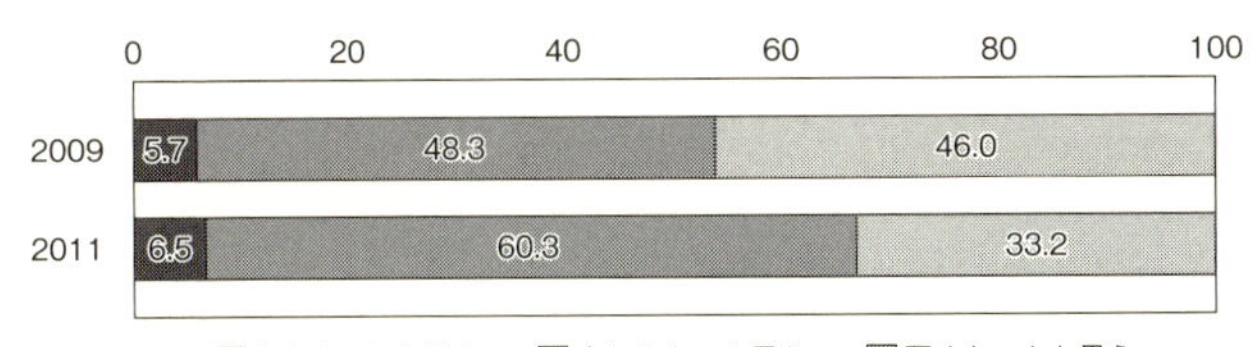

図 8-2　健康で豊かな生活のための時間が確保できる社会（内閣府，2012b）

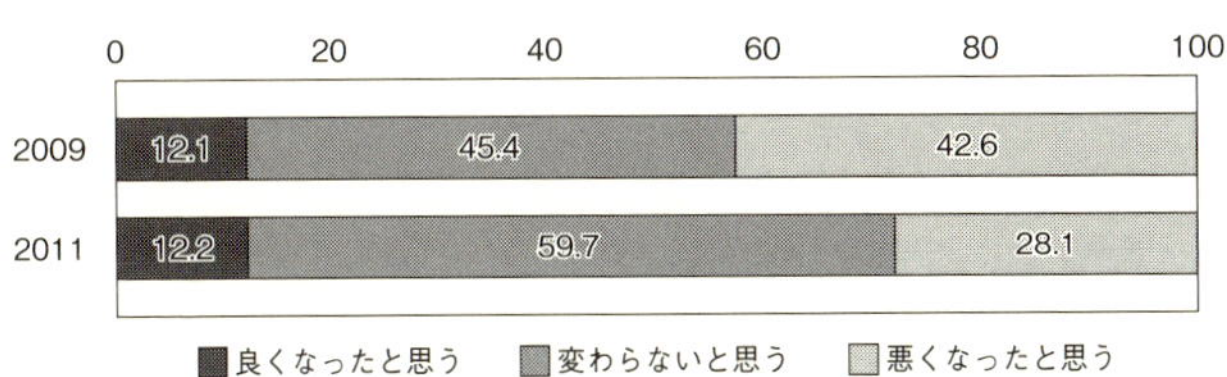

図 8-3　多様な働き方・生き方が選択できる社会（内閣府，2012b）

クト）が生じることを意味しており、ワーク・ライフ・アンバランスの一つの例といえる。ワーク・ファミリー・コンフリクトにも二つの方向性がある。一つは、家族生活領域から仕事生活領域への葛藤である「Family to Work Conflict（F→WC）」である。たとえば、〝子どもの行事に参加したいが、仕事を休むと周りの人に迷惑をかけてしまうので休めない〟ということがあげられる。もう一つは、仕事生活領域から家庭生活領域への葛藤「Work to Family Conflict（WC→F）」である。たとえば、〝仕事が終わっていないが、残業をすれば子どものお迎えに間に合わない〟といったことが考えられる。

ワーク・ライフ・バランスは、そもそも「ワー

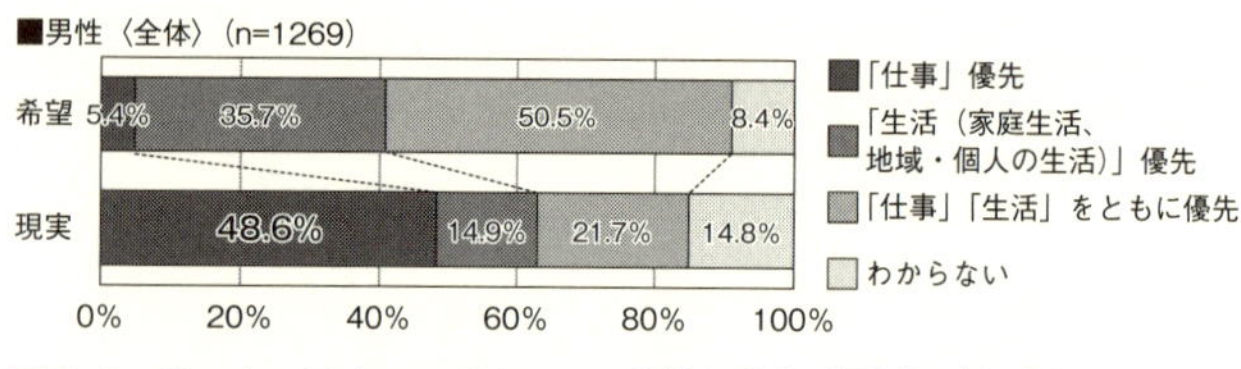

図 8-4　ワーク・ライフ・バランスの希望と現実（男性）（内閣府，2012b）

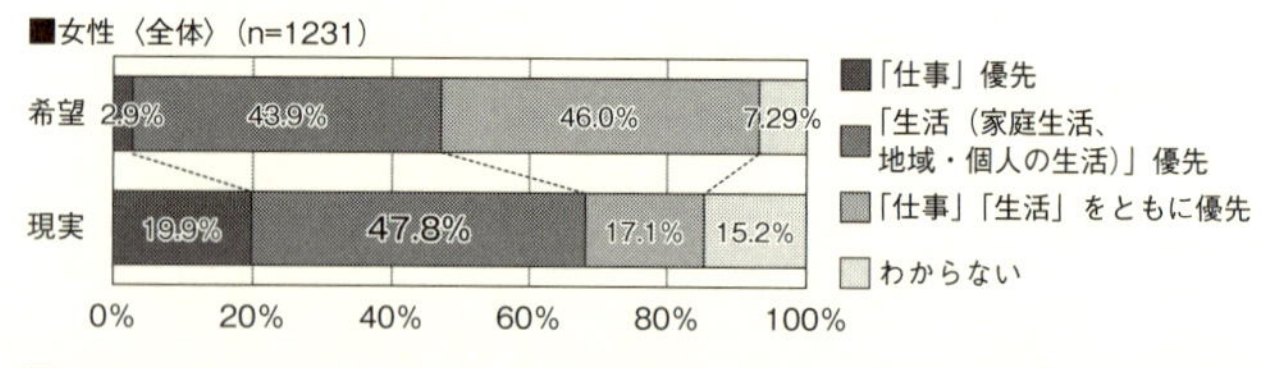

図 8-5　ワーク・ライフ・バランスの希望と現実（女性）（内閣府，2012b）

ク」と「ライフ」が相反するものや二項対立の関係にあるかのようにとらえられがちである。小室（二〇〇七）は、仕事と生活の間で優先順位を決めることでも、時間配分の問題でもなく、片方を大切にすることにより他方にもその効果が波及する相乗効果的な好循環にすることこそが重要であり、「仕事と生活の調和」を「ワーク・ライフ・ハーモニー」と表現するほうが適しているという見方を示している。

また、ワーク・ライフ・バランスに対して、「ワーク・ライフ・インテグレーション（Work & Life Integration：W&LI）」（経済同友会、二〇〇八）という考え方が提唱されている（図8-6）。インテグレーションとは、「統合」を意味する。経済同友会

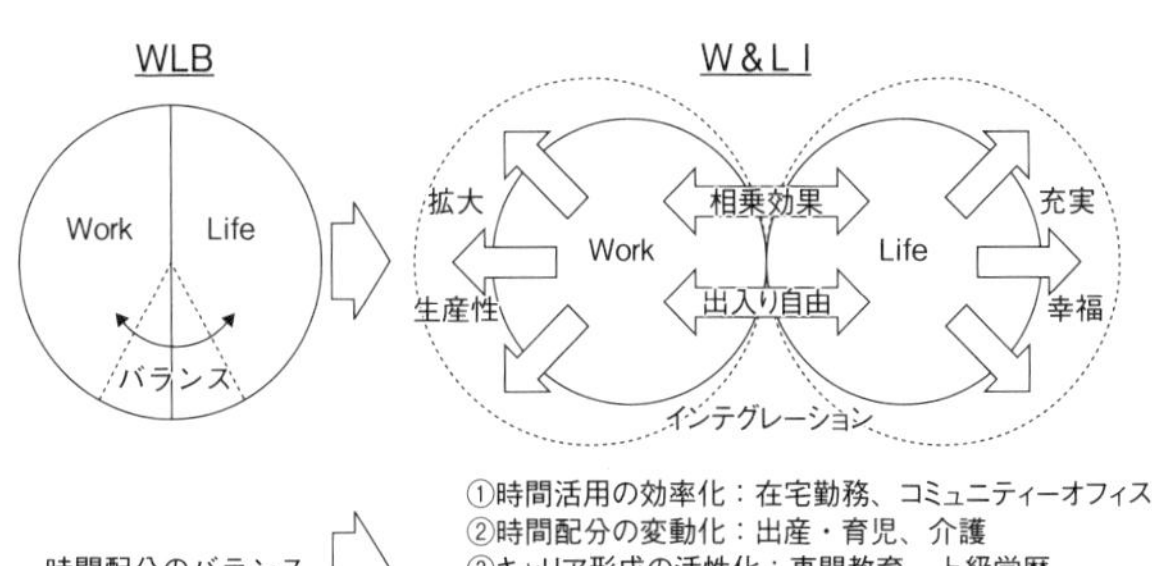

図8-6　バランスからインテグレーション（統合化）へ
（経済同友会，2008）

（二〇〇八）によれば、ワーク・ライフ・インテグレーションは、〝会社における働き方と個人の生活を、柔軟に、かつ高い次元で統合し、相互を流動的に運営することによって相乗効果を発揮し、生産性や成長拡大を実現するとともに、生活の質を上げ、充実感と幸福感を得ることを目指すものである〟という。すなわち、ワーク・ライフ・バランスが〝仕事か生活か〟であるのに対し、ワーク・ライフ・インテグレーションは〝仕事も生活も〟の発想である。どちらかに優先順位をつけようとすることがストレスとなり、葛藤を引き起こすのであるならば、仕事と生活との間に区切りを設けず、両者を統合させてどちらも充実させることにより、生産性や満足感を高めていこうという考えである。

高橋（二〇〇四）は、仕事の質やプロセスにこだわった働き方を「スローキャリア」と表現している。これは、仕事を重視しないことや、私生活とのバランスをとってのんびり働くことを意味しているのではない。仕事だけではなく私生活も含めた生き方全般にポリシーをもって主体的に取り組むことが大切であることを論じている。この考えも、ワークとライフのバランスをとるのではなく、ワークとライフを統合させることを意味しているのである。

2――「ワーク」「ライフ」「ラーニング」のありかた

もう一つここで取り上げたいことは、社会人学生における生活領域の考え方についてである。本書では、「ワーク」と「ライフ」に「ラーニング」というキャリアを加えたキャリア・デザインに焦点をあてている。社会人学生の学びの目的は、第3章で概観したように多様である。自分自身の仕事の知識やスキルを高めるために、仕事領域とは切り離さずに学んでいる者も多い。しかし、第3章で明らかになったように、働きながら学ぶ社会人学生は、仕事の忙しさによって学びの時間が取れないという葛藤を抱えている。また、通学が仕事の一環とみなされ給与を得て学んでいる学生はきわめて少ないのが現状であり、学びは仕事とも言えない。多くの社会人学生が自ら学費を払い自発的に学んでいるのである。さらに、多くのワーク・ライフ・バランスに関する調査では、学びの活動は、主に「ライフ」の中に入れられている。しかし、社会人学生からしばしば聞かれるのは、家庭のことと勉強との両立が大変という声である。場合によっては、社会人になってからの学習は余暇として扱われることも少なくない。余暇のように楽しく充実した学びの経験は素晴らしいことだが、学びはやはり余暇とは同義ではないと考える。社会人学生が自ら志望して大学に入り学んでいるとはいえ、ある学問を体系的に学ぶためには相当なカリキュラムを乗り越えなければならず、真剣に学んでいる学生にとって、余暇の一部なのだからと周囲の協力が得られなければ「ライフ」と「ラーニング」との間で大きな葛藤を抱えることになる。

しかしながら、多くの社会人学生に出会う中で、うまく「ワーク」「ライフ」「ラーニング」をこなしている社会人学生は少なくない。そうした学生の話を聞くと、ある特徴が見えてくる。それが「ワーク」「ライフ」「ラーニング」の「統合」である。仕事も家庭も勉強もすべてを取り込みながら、生き生きと過ごしている。仕事や生活での出来事や経験が、学びの動機になり、学んだことを仕事や生活に実践し、時には人にも伝え、学んだことの素晴らしさを体感しながら、他者や社会にも還元している。そして、その結果からまた新たな学びの種を発見し、学びを深めているのである。すなわち、これらの三つの関係が良い循環をなし、それぞれの充実感や満足感が相互に影響を及ぼしあっているのである。この点については、次章で具体的な方法を一部紹介しながら考えたい。

3 ―― ポジティブな心理的機能とキャリア

(1) レジリエンス

近年注目されている心のスキルの一つに、レジリエンスがある。レジリエンスとは、〝精神的回復力〟や心の〝弾力性〟、〝困難を跳ね返す力〟などと呼ばれる。たとえばマステンら（Masten et al., 1990）は、〝困難あるいは脅威的な状況にあるにもかかわらずうまく適応する過程や能力、結果〟と定義している。また、小塩ら（二〇〇二）は、レジリエンスの状態にある者とは、困難で脅威的な状況にさらされることで一時的に心理的不健康の状態に陥っても、それを乗り越えて精神的な病理を示さずに、よく適応している者であると述べている。

この心理特性を測定する「精神的回復力尺度」は、新たな出来事に興味や関心をもって、多様なことにチャレンジしていこうとする「新奇性追求」、自分の感情をうまくコントロールすることができる「感情調整」、明るくポジティブな未来を予測して、その未来にむけて努力しようとする「肯定的な未来志向」という三つの因子から構成されている（小塩ら、二〇〇二）。

近年、キャリア形成に焦点をあてた「キャリアレジリエンス」という概念も提唱され、関心が高まっている。キャリアレジリエンスは、〝キャリアに関する挫折を経験した後で立ち直るための能力（Grzeda & Prince, 1997）〟や〝キャリア形成を脅かすリスクに直面したとき、それに対処してキャリア形成を促す働きをする心理的特性（児玉、二〇一五）〟などと定義されている。このキャリアレジリエンスは、「チャレンジ・問題解決・適応力」「ソーシャルスキル」「未来志向」「援助行動」という四つの因子が構成概念として確認されている。これらのキャリアレジリエンスは、ネガティブなライフイベントによる影響の軽減効果や逆境を機会にキャリア形成を促進させる効果、キャリア形成を脅かすような出来事に遭遇しても前向きに受け止め、キャリア形成を促す力にすることが示唆されている（児玉、二〇一五）。

レジリエンスを高めるために、さまざまな方法が提案されている。たとえば、マッディとコシャバ（Maddi & Khoshaba, 2005：山崎訳、二〇〇六）によると、三つの姿勢を身につけることが重要であるという。三つの姿勢とは、困難な状況に遭遇しても、周囲の人や出来事と関わり続けること（コミットメントの姿勢）、周囲で起きている変化がよりプラスの結果をもたらすように影響を与え続けようとする、あるいはコントロールの及ばないことは受け止める姿勢を持つこと（コントロールの姿勢）、その変化を前向きに受け止め、充実した人生に向けて新しい道を切り開くための一つの手段とみなすこと（チャレンジの姿勢）である。さらに、この三つの姿勢を身につけることにより、問題解決と支えの交流（周りと交わり、支えあうこと）のスキルを習得することも可能になるとされる。

(2) フロー

人は、時間感覚を忘れてしまうほどの高い集中力である活動にのめり込むことがある。その際には、自分自身が置かれている状況をコントロールできているという高い統制感や楽しさや満足感、高揚感を経験する。このときのまるで流れているような経験をチクセントミハイ（Csikszentmihalyi, 1990：今村訳、一九九六）は、フロー（flow：流れ）と名づけた。たとえば、長時間にわたって困難な手術を行う外科医や熱戦によって長時間のプレーを続けるテニスプレーヤーなどの様子はイメージしやすいのではないだろうか。

フローを経験するには、主に二つの条件があるとされる。一つめは、活動はどのようなものであっても、“挑戦する”ような経験であることが条件である。自分自身の能力が届く範囲であるが、簡単過ぎず挑戦が必要なレベルとされる。その関係を示したのが図8-7であり、能力と挑戦がつりあっているところにフロー（A_1）があるという。しかし、その活動を繰り返し行うことにより、能力が高まっていくと人はその活動を退屈なものに感じ始める（A_2）が、突然、より困難な課題に直面させられれば不安を感じる（A_3）。人にとってはいずれも不快な経験であるため、人は再びフロー状態（A_4）に戻ろうとするのである。A_1とA_4はいずれもフロー状態だが、A_4はA_1よりも複雑な能力をもとにしてなされた経験であり、異なるものである。二つめは、活動の一つ一つのステップの目標が明確なことであり、三つめは、自らの行為の結果に対して即座に直接的なフィードバックがあることである。明確な目標にむかって行動を生起させ、その行動に対する結果として受け取ったフィードバックをもとに、自分の行動を調整し、挑戦し続けることで成長していくプロセスがフローの感覚とされる。

また、チクセントミハイによると、活動をするときに、良い結果や成果を獲得するために頑張るよりも、その活動自体を楽しむ傾向を自己目的的パーソナリティといい、この傾向の高い人たちは内発的に強く動機づけられ、人生をより楽しむ傾向にあり、フロー経験をしやすいという。

近年では、こうした条件を整え、フローを仕事や職場（Csikszentmihaly, 1997：大森監訳、二〇一〇）やeラーニングに応用する試み（浅川・チクセントミハイ、二〇〇九）がなされている。

(3) ワーク・エンゲイジメント

ワーク・エンゲイジメントは、「活力（就業中の高い水準のエネルギーや心理的な回復力）」、「熱意（仕

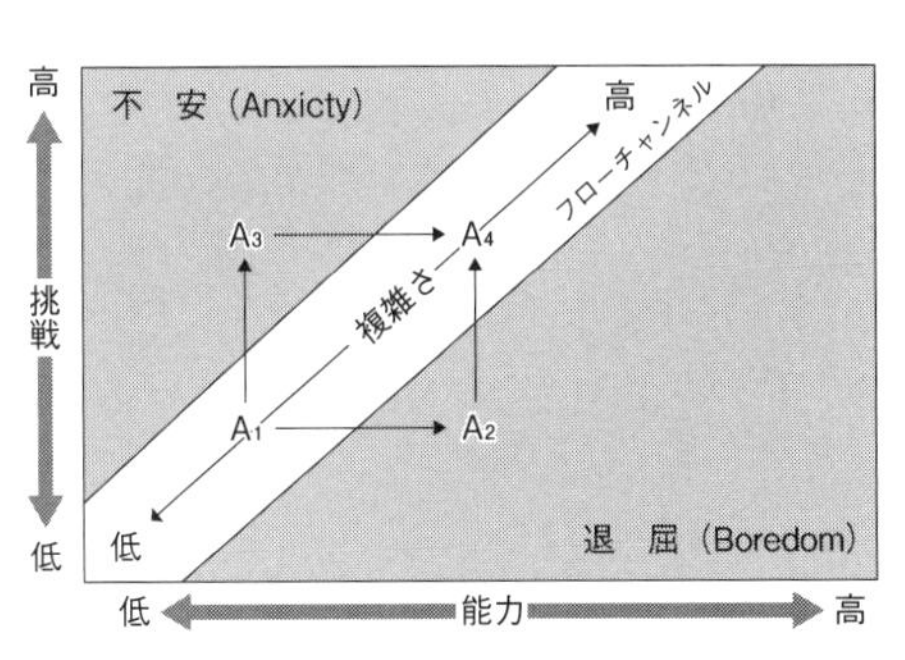

図 8-7 フロー経験の力動論モデル
（Csikszentmihalyi, 1990 をもとに浅川, 2012 が作成）

事への強い関与、仕事の有意味感や誇り）」、「没頭（仕事への集中と没頭）」の三つの要素で構成される。もともとワーク・エンゲイジメントはバーンアウト（燃え尽き）の対概念として提唱された。バーンアウトした者は、疲れ果て、仕事への意欲が低下しているのに対し、ワーク・エンゲイジメントの高い者は、仕事に誇りややりがいを感じており、熱心に取り組み、仕事から活力を得ていきいきとしている状態にあるといえる（島津、二〇〇九）。

ワーク・エンゲイジメントと関連する概念（バーンアウト、ワーカホリズム）との関係性が**図8-8**にまとめられている。それぞれの概念が、「活動水準」と「仕事への態度・認知度」の二つの軸によって位置づけられている。ワーク・エンゲイジメントは、仕事への態度や認知が肯定的であるのに対し、燃え尽き症候群では、それらが否定的で活動水準も低いといえる。他方、〝強迫的かつ過度に一生懸命働く傾向（Schaufeli, 2008）〟であるワーカホリズムは、活動水準の高さはワーク・エンゲイジメントと共通するが、ワーカホリズムは仕事に対する態度が否定的である点において異なる。

〝仕事や仕事における経験についての評価の結果として生じる喜ばしい、もしくは肯定的な情動状態（Locke, 1976）〟と定義される職務満足感は、仕事への態度や認知において肯定的である点は共通する。しかし、両者の相違点として、職務満足感は仕事に対する認知や感情であるのに対し、ワーク・エンゲイジメントは仕事をしているときの認知や感情であることや、ワーク・エンゲイジメントのほうがより生き生きとした状態を示すことがあげられる。よって、職務満足感は図8-8のリラックスと同じ右下に位置する（島津、二〇一五）。

ワークエンゲイジメントは、組織や個人の資源が豊富であるほど上昇するとされ、それぞれの資源を充実させていくための働きかけや方策をとることが重要である（図8-9：島津、二〇〇九）と考えられている。

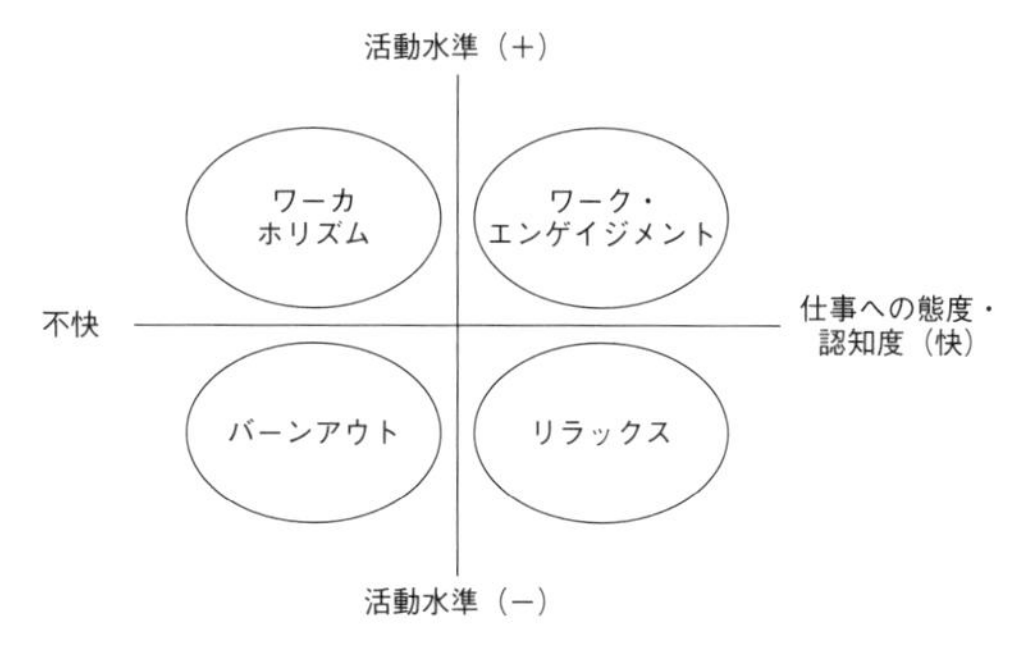

図8-8　ワーク・エンゲイジメントと関連する概念（島津, 2009より作成）

(4) スピルオーバーとクロスオーバー

スピルオーバー（流出：Crouter, 1984：小泉、一九九七）は、仕事と家庭の多重役割の間で、一方の役割で生じた状況と意識が他方の役割の状況と意識に影響を及ぼすことであり、ポジティブ、ネガティブ双方のスピルオーバーがある。また、「仕事から家庭」および「家庭から仕事」の二つの方向性を有しており、これらを組み合わせると図8-10のような四つのパターンが想定される（島津、二〇一四）。

家庭生活と仕事生活とのバランスについて、ワーク・ファミリー・コンフリクトやスピルオーバーは個人内の影響である。これに対して、個人の間で感情や態度が伝わり影響を及ぼすことをクロスオーバーといい、夫婦間の影響についても検討がなされている。共働き世帯（韓国の夫婦ともにフルタイム）を対象にした調査により、夫と妻の生活満足度は互い

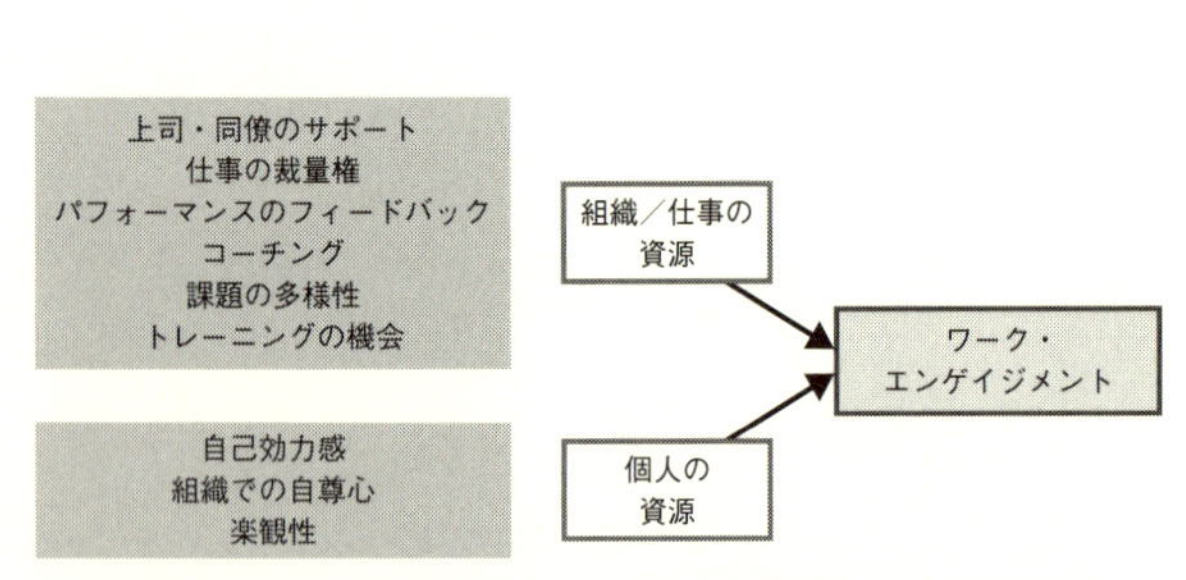

図8-9　ワークエンゲイジメントの規定要因（島津，2009）

に影響し合うことがわかった（Park & Fritz, 2014）。他方、クロスオーバーについては、一方からの影響しか認められない結果も示された。伊藤・相良・池田（二〇〇六）が日本の夫婦間のクロスオーバーを検討したところ、妻がフルタイムの場合、夫の仕事満足感の高さは妻の夫婦関係満足度に肯定的な影響を与えていたが、妻の仕事満足感による夫の夫婦関係満足度へは影響はみられなかった。また、シマズら（Shimazu, et al., 2011）においても、ワーカホリズムは、妻から夫にしかその影響が認められなかった。よって、クロスオーバー効果には、文化差や意識の違いがあらわれており、夫婦間の役割分業意識や就業のありかたなどにおける日本の特徴が反映されている可能性がある。

性質 \ 方向	仕事⇨家庭	家庭⇨仕事
ネガティブ	仕事が忙しいせいで家族と過ごす時間が減る　など	家事・育児に忙しく仕事への意欲が低下する　など
ポジティブ	仕事で培った能力を家族でも活かせる　など	楽しい週末を過ごすと仕事も頑張ろうという気になる　など

図 8-10　スピルオーバーの四つのパターン（島津，2014）

自分のもつポジティブな心のはたらきについて考えてみよう！

①「レジリエンス」「フロー」「ワーク・エンゲイジメント」「スピルオーバー・クロスオーバー」の中から一つ選び、自分のこれまでの体験、経験と関連づけて、文章で説明してみましょう。可能であれば、人に話してみましょう。

②これらの四つの心理特性をこれからのあなたのキャリア・デザインにどのように活かしていくことができるか、考えてみましょう。

第9章 社会人学生としての学びを活かすキャリア・デザイン

1――キャリア・デザインの方法

本書では、キャリアの概念や主要理論や生涯学習の理論や課題、現状を概観してきた。最終章では、社会人学生の学びをいかしたキャリア・デザインをどのように考えるか、その手がかりを探ってみたい。

キャリア・デザインというと、明確なキャリアプランを立て、それらを着実に実行していくことによって、理想のキャリアが築かれるようなイメージがもたれやすい。しかし、「1-3．社会人のアイデンティティとキャリア・デザイン」でも述べたように、特に社会人においては、将来的な明瞭な目標を立てて逆算して計画を練り、一つ一つ着実に実行し、キャリアを積み重ねていくキャリア・デザインは現実的ではない。キャリアは人との出会いや世界の経済の動向などのさまざまな要素が複雑に影響し合いながら形成されていくものだからである（高橋、二〇〇九）。

当然ながら人生には良いこともそうではないことも、想定外の出来事が起こり得る。多くのキャリア理論やキャリア・デザインの考え方においても、キャリアの転機を見定めそれを活用することや、人生の節目にこそ立ち止まりデザインすることが重要な点にあげられている。人生の節目や転機の度ごとに、自分自身の今と、来し方行く末を眺めたうえで、進む方向を判断し、柔軟にしなやかに歩みを進める。時には回り道も次への糧にするくらいのキャリア・デザインのほうが、現実には馴染むと考えられる。

そのためには、まずは転機や節目を見極める力こそが必要である。節目だと気づかせてくれる四つの契機として金井壽宏（二〇〇二）は、①何らかの危機があること（このままだと具合が悪いと思ったときが発達や変化のスタート点である。さまざまな危機も、受け止め方、関わり方によってはチャンスとなる）、②メンターの声（上司や身内などの意見を聞く）、③素直に喜ぶ契機（ゆとりや楽しさがあることである。調子がいいからこそ自分を見直すことができる）、④カレンダーや年齢的な目印（昇進、異動などの仕事の節目、十代ごとの節目、還暦などの年齢的節目、成人式や入社式などの社会的、慣習的なプログラムなどもこの契機にあたることが多い）、をあげている。

金井壽宏（二〇〇二）は、トランジションをベースにしたモデルにおいて、四つのステップでキャリア・デザインすることを提唱している。一つめのステップは、〝キャリアに方向感覚を持つ〟ことである。大きな夢であるが、現実吟味できる夢を抱く。生涯を通じての夢を探しながら、節目ごとにその夢を修正する。二つめのステップは、〝節目だけはキャリア・デザインする〟ことである。キャリアをデザインできるのは、節目や大きな選択のポイントくらいなものであるが、その節目にはしっかりとデザインすることが重要であると主張する。節目で立ち止まってこれまでを振り返り、これからの長期的な展望をもつ。節目で、何が得意か、何がやりたいのか、何に意味が感じるかといったことを自問する。ここで役立つのがシャインのキャリア・アンカーの考えである。そして、キャリアを自覚的に選択する。三つのステップは、〝アクションをとる〟ことである。デザインしたら、その方向に力強く一歩を踏み出し、元気に持続する。最低必要努力量を超えるまでは、よいがまんをしながらアクションを繰り返すことが必要である。四つめのステップは、〝ドリフトも偶然も楽しみながら取り込む〟ことである。節目をしっかりデザインすれば、節目と節目の間は、流れに身を任せてドリフト（漂流）していても良いという。そのほうが伸びやかに過ごせるし、偶然を活かすことができる思わぬ掘り出し物（セレンディピティ）を見い出せると述べている。この考えは、クランボルツのプランドハプンスタンスに通じる。ドリフトには「流されている」「漂流している」というネガティブな意味に加えて、

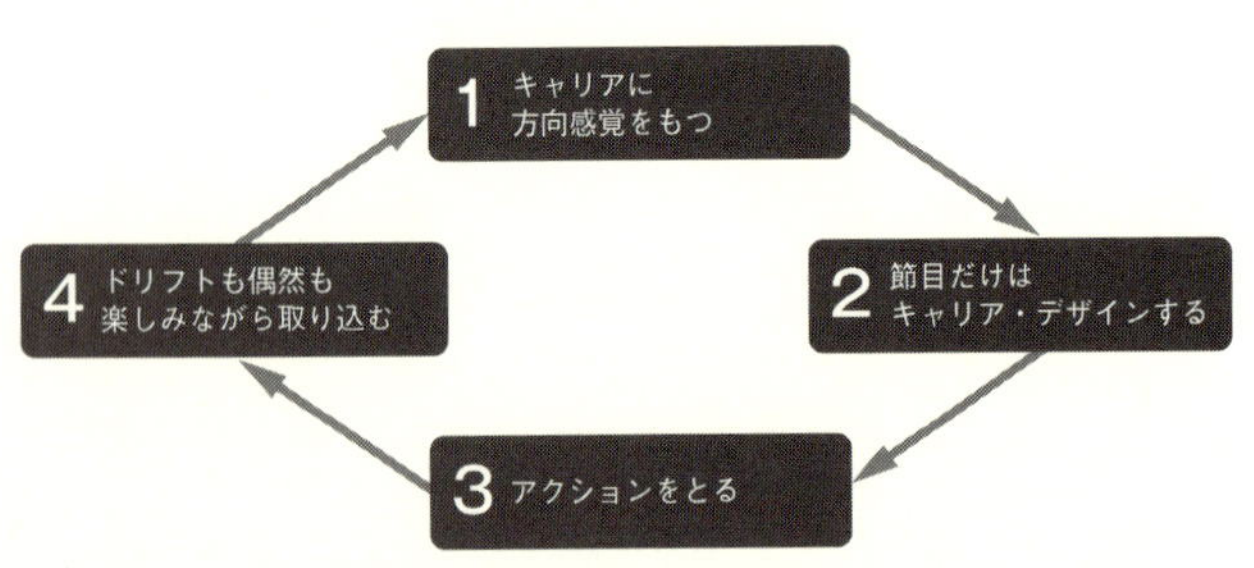

図 9-1 キャリア・トランジション・モデル（金井壽宏, 2002）

「流れの勢いに乗っている」というポジティブな意味もあるという。

キャリアを自覚的にデザインした感覚を持つためには、デザインするのが節目だけでよいとしても、自分で道を選んだという自己決定の感覚が重要である。

金井の考えをもとに社会人学生のキャリア・デザインについて考えると、**図9-2**のように描くことができよう。船はアンカーがあることで、潮の流れに押し流されてしまうことなく漂うことができる。それにより、五年後、一〇年後を展望することが可能となる。そして、アンカーによって示された範囲に入ってくる情報や出会いなどは、チャンスになり得る。

水面上の船の位置を現在とするならば、そこから水面下の深さは将来への時間軸にあたる。今、大学や大学院

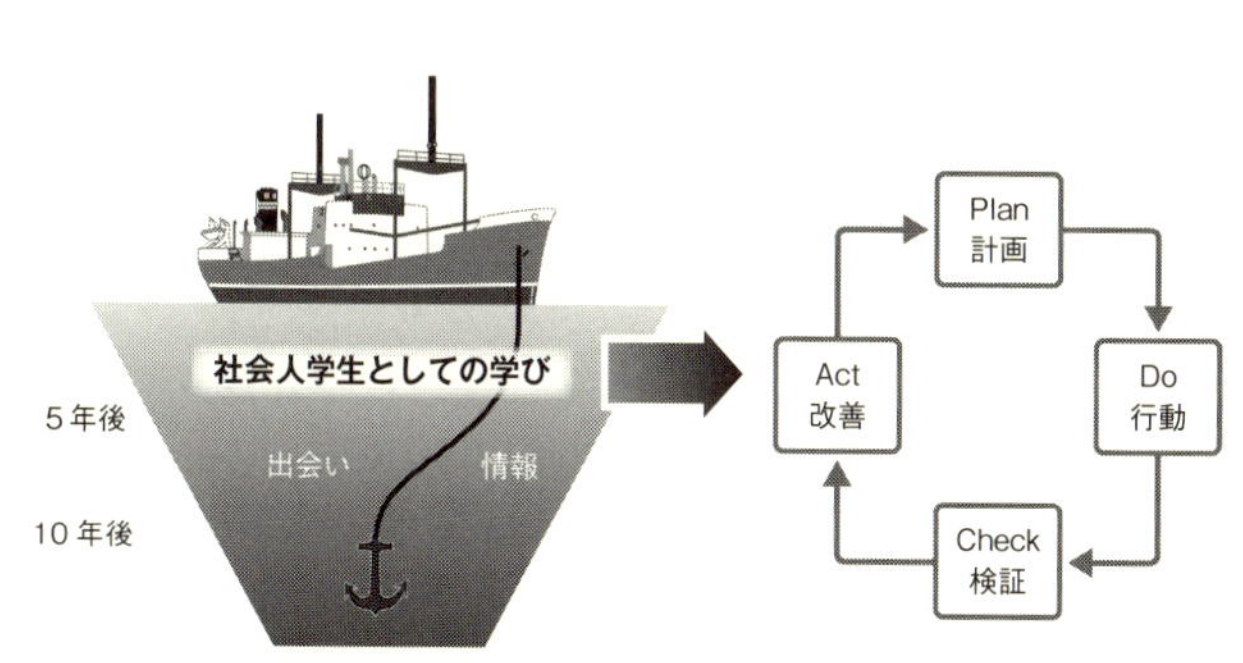

図9-2　社会人学生におけるキャリア・デザインとラーニングのPDCAサイクル

で学んでいる、あるいは学ぼうとしているならば、ある深さまでは、社会人学生としての学びの時期にあたる。学ぶ年数によって、その深さは変わる。キャリアは節目でデザインすれば良いとされるが、学び（ラーニング）については、ある程度具体的な目標と計画性をもって進めることが重要であると考える。社会人生活はさまざまな人生役割を持ちながら忙しく過ごすことが多く、時間的、経済的、心理的な要因から現実的には困難な課題も多く発生する。また、学びから少し物理的、心理的に離れるとあっという間に時間が過ぎてしまう。したがって、柔軟さは残しながら、具体的な目標と計画をもって、継続的、習慣的に学習を進めていくことが重要である。

その際には、仕事で培ったスキルを存分に活用すると良いだろう。たとえば、ビジネスの領域でマネジメント手法として取り入れられているＰＤＣＡサイクルを学習にあてはめてみることができる。ＰＤＣＡとは、Plan（計画）、Do（行動）、Check（検証）、Action（改善）の頭文字であり、このサイクルを回しながら当初の計画を修正、改善し、次の計画へとつなげていくことであり、対象の質の維持、向上を目指していく方法である。たとえば、「心理学」という科目の履修について考えてみる。「計画」は５Ｗ１Ｈで考える。Who（誰が＝私が）、What（何を＝「心理学」のテキスト第一章）を、When（いつ／いつまでに＝通勤中に／今週日曜までに）、Where（どこで＝電車の車中で）、Why（なぜ＝今年度中に「心理学」の単位を取るために）、How（どのように＝覚えた内容を日常生活で人に話せる、あるいは使えるようになるように読み込む）といった「計画」を立て、「行動（実行）」する。そして、その計画と実行がうまくいっているかを検証し、うまくいかない点があれば「改善」する。ただし、社会人の学習サイクルは、計画通りにいかないことが常である。仕事上の急な出張や依頼、家族の急な予定や看病など……日々の日常で起こる想定外の出来事によって容易に学習サイクルは乱れる。したがって、学習サイクルを活用するうえで最も重要なことは、うまくいかないことをそのまま受け止め、その都度サイクルを見直し、修正し、受け入れ、根気よく続けていく〝受容性〟〝柔軟性〟〝持続性〟という心のスキルである。

スーパーの「ライフ・キャリア・レインボー」の中で、キャリアの五つの発達段階のサイクルをマキシサイクルと呼んでいた。一方で、生活上の変化が生じる度にその中にミニサイクルが発生する考えが示されていた。社会人学生のキャリア・デザインを考える際にも、図9-1や9-2の「キャリア・デザイン」の考え方の大枠をマキシサイクルととらえるならば、「ラーニング」のPDCAサイクルはミニサイクルのように考えてみることもできよう。キャリア・デザインのうち、ラーニングに関しては、修正可能で応用のきく具体的な目標やプランがあったほうが進めやすく、キャリア・デザイン全体にうまく組み込むことができると考えられる。

2——「ワーク」「ライフ」「ラーニング」のコンフリクトを乗り切る社会人学生の工夫

筆者の勤務する通信教育課程の産業心理領域科目のスクーリングにおいて、社会人学生における「ワーク」「ライフ」「ラーニング」におけるコンフリクトへの対処について、グループワークを行った。各グループから非常に多くの対処が出されたが、グループや個人間である程度の共通性がみられたので、ここでは主なものを紹介する。もちろん他にもまだ多くの対処があると思われるため、自分に活かせる対処を開拓し、実行していただきたい。

〈職場・仕事編〉

・学生であることを職場に伝える
・仕事に一二〇％の力で集中して取り組み、信頼を得て、休みやすくする
・学んだことを職場で伝える
・「残業しない日」を作り、早く帰宅する
・短時間勤務やフレックス制を利用する
・自分にしかできない仕事以外は、ほかの人にお願いする
・今日やらなくて良い仕事は明日以降にまわす
・仕事の納期は守る
・仕事量軽減のために後輩を指導する
・いざというとき融通をきかせてもらうために、上司をコミュニケーションをとっておく

〈家族・家庭編〉

・学ぶことが人生の中で一生を通じて大切だという価値観を家族に伝える
・学生であることを主張し、家族には極力自分のことは自分で解決するように促す
・学んだことは家族に話す
・時短家電（乾燥機付洗濯機、食洗器、ロボット掃除機など）を活用する
・「家族の日」をつくる
・家事の当番制を取り入れる
・家事ができないときには早めに伝える
・時には外食もして（手を抜いて）その時間を楽しむ
・予定は早めに伝え、共有する（家族とカレンダーを共有する）
・毎朝家族の予定を確認する
・予定変更があれば早く連絡する
・アウトソーシングも活用する

〈学習編〉

・すきま時間を有効に使う（家事の合間、通勤時間など）
・勉強時間を決めて、子どもと一緒に勉強する
・一人きりの時間や空間を作る
・社会人専用の図書館や学習ブースを活用する
・レポートは早めに提出して、アドバイスをもらい、合格を目指す（不合格を恐れない）
・家事をしながら勉強する
・お風呂で本を読む

〈リラックス、発想の転換編〉

・完璧さを求めずにできないこともあるという考えに思考を転換する
・できるときにできることをやる
・スポーツをする
・寝る時間をしっかりつくる
・こだわらない

・目をつむる（思い通りに行かないことや失敗など）
・おいしいものをたべる

これらの結果から、「ワーク」「ライフ」「ラーニング」を分けてこれらのバランスを保つための工夫がみられる一方で、三者を「統合」させるための対処も多くとられている。職場、家庭、自分自身の間での予定・作業の「見える化」や「○○しながら／ともに（たとえば、家事をしながら学習することや、周囲の力を借りながら学ぶこと、学んだことを人に話しながら復習する、家族や職場のメンバーとともに勉強すること、などに集約される）」といった対処のようにそれぞれの領域の敷居をまたぐ統合のありかたも見られる。

今後は、ダイバーシティの観点から、多様な働き方、学び方を促進する制度の整備も一層期待される。テレワーク（ＩＣＴを活用した在宅での勤務）や限定正社員制度の導入などは、新たな多様な働き方として導入が増えつつある。しかし、環境の変化を待つばかりではなく、個人の使える対処を増やしていくことこそがキャリア・デザインにおいては肝要である。ワーク、ライフ、ラーニングの間の区切りを越えて、相互に肯定的な影響を与える対処を増やしていくことがキャリア形成の後押しになっていくだろう。

また、前章でみたように、誰もが備えるポジティブな心のはたらきを活用していくことがキャリア・デザインには重要である。転機や困難な出来事はレジリエンスを高めるチャンスである。新たな学問に触れることで、時間を忘れるくらいにフローな状態で取り組める科目や研究テーマに出会えるかもしれない。さらに、生き生きと活躍する社会人学生は、共通して、学んだことを仕事や実生活に還元しようとする意欲が高い。自己学習の時間を作るために、仕事や家事を効率よく精力的にこなそうともしている。すなわち、ワーク・エンゲイジメントが高い様子がうかがえる。こうした役割間におけるポジティブな心のあり方は、スピルオーバー、クロスオーバーとして他者との間にも肯定的な影響を及ぼし得るのである。ポジティブな心理的機能は、まさしく「ワーク」も「ライフ」も「ラーニング」もの視点からのキャリア・デザインにおける活力となる。

行き詰まったときには、自分にとってのロール・モデルやメンター的な存在を探してみるとよい。「ワーク」「ライフ」「ラーニング」の「統合」を実現している人の経験は非常に参考になる。そうした人物を見つけて、自分自身のロールモデルとして、その人物の対処法を分析したり、真似て実践してみると良い。

さらに、盲点になりやすいが、大学、大学院で学ぶ際には、レポートを書くスキルを高めていくことをお勧めしたい。社会人学生では、レポートを苦手としている人が非常に多い。レポートを作成することで、その課題や科目、分野の学びが深められるだけではなく、論理的な思考力が身につく。これは、実生活でもさまざまな場面や課題を乗り切る際に応用できるスキルとなる。

社会人学生としての生活は、さまざま出来事に遭遇し、思うように学習が進まないことは少なくない。しかし、それも含めて学びの醍醐味であり、机上では得難い経験である。社会人学生である期間は、考え方や行動の仕方次第で、専門領域の知識・スキルの修得や教養が深まるということだけではない、他者との出会いや交流、自己内省、多様な管理能力や柔軟性の向上といった人間的に大きく成長できる機会となるはずである。自分なりにデザインしたキャリアを、自分の歩調で進んでいただきたい。

社会人としての経験や学びを活かしたキャリア・デザインについて考えてみよう

ここまでの本書の内容をもとに「ワーク」「ライフ」「ラーニング」の観点から、自分自身のキャリア・デザインについて、今、あなたはどのようなことを考えていますか。二〇〇～四〇〇字程度で自由に記述してみましょう。

おわりに

本書は、武蔵野大学通信教育部人間科学部心理学専攻において「キャリア・デザイン学」という講義の開設に合わせ執筆したものです。偶然にも、筆者の二つのキャリアが積み重なった十年の節目での作成となりました。

キャリアの一つは大学通信教育における社会人との関わりです。今から十年前、筆者が大学院の博士課程に在籍していた頃、指導教授が担当する大学通信教育課程での講義を補助する教育コーチという職に就きました。主にはスクーリングとeラーニングシステムにおける学習支援でしたが、そこで仕事や家庭をやりくりしながら、多忙を極める中で熱心に真摯に学ぶ多くの社会人学生と出会いました。そうした学生の学びの姿勢や生き方に初めて接して大きな驚きと感銘を受け、社会人学生の学びや教育に携わっていきたいという思いが高まっていきました。その後、偶然にも他大学の通信教育課程で心理学の講義を担当する機会もいただき、社会人学生の教育に携わるキャリアを重ねることによって、現職に至りました。社会人学生の学びの場の魅力は、年齢や経歴、背景に関係なく、常にそれぞれの豊かな経験と個性が生き生きと行き交うことです。講義内でグループディスカッションの場を設けると議論が尽きません。講師への質問も鋭く、考察力の深さにも驚かされます。学びで得たことを実践し社会に還元し応用する力は本当に素晴らしいものです。時には、仕事の都合や出産、育児、介護、自分や家族の病といったさまざまなライフイベントによって、困難な状況と向き合いながらの学びとなったり、想定していた年限での卒業、修了が叶わない学生もいます。しかし多くの学生が、それらも社会人として学ぶことの醍醐味と受け止めて前進し、力強く新たなキャリアを切り開いていきます。特に、本学の専攻は「人間学」ですので、学生にとってはすべてが「人間」を学ぶことの糧になっているようにも見えます。そうした社会人学生の経験や学びの姿勢にこちらも多くのことを教えていただきます。

もう一つのキャリアは、心理臨床における社会人との関わりです。心療内科・精神科クリニックのカウンセラーとしての勤務を始め、こちらもちょうど十年を迎えました。臨床心理士、産業カウンセラーを取得しながら、クリニックでのカウンセリング業務や企業に出向いての心理相談業務などに携わってきました。都心という立地から近隣の企業で働く労働者のメンタルへルスやキャリアに関する相談に多く接する中で、心身の健康を保ちながら主体的にキャリアを形成していくことの難しさを感じてきました。ストレスからうつ病を患って休職、退職に至り、想定していたキャリアの転換を迫られるような人も多くいます。一方で、そこで初めてこれまでの自分自身を振り返り、これからのより良い働き方、生き方について考え、これまでとは違う考え方、行動の仕方を心がけながら新たなキャリアを歩んでいくという、人の持つ強さにも多く触れます。

生涯にわたって成長し続ける人間の姿と向き合えることが、この社会人の「大学教育」と「心理臨床」の魅力であるととらえています。筆者自身が歩んできたこの二つのキャリアの十年を振り返ってみても、決して平坦な道ではなく、「ワーク」「ライフ」「ラーニング」のありかたを模索する日々でしたが、多くの方との出会いがあり、励ましや支えがあってこそ歩みを進めてくることができました。大学教育に携わることの礎を築いてくださった指導教授の根建金男先生と心理臨床の場でご指導いただいた立山萬里先生には、厚く御礼申し上げます。また、本書をまとめるにあたり、示唆に富む貴重なご意見をくださった武蔵野大学通信教育部の学生の皆さんに心より感謝いたします。まだ十年というキャリアです。よりよい教育と心理臨床を目指し、精進してまいります。

最後に、本書を刊行するにあたり快く企画を受け入れてくださった金剛出版の立石正信氏、丁寧な編集と温かな励ましで執筆を支え続けてくださった中村奈々氏に深く御礼申し上げます。

二〇一六年　早春

矢澤　美香子

Tough, A. (1979). The adult's learining projects : A fresh approach to theory and practice in adult learning. Tronto : Ontario Institute for Studies in Education. (pp. 95-96)

辻功(1992). 生涯教育論　日本生涯教育学会(編)生涯学習事典 (pp.18-23) 東京書籍

早稲田大学(2009). 平成21度早稲田大学 文部科学省：先導的大学改革推進委託事業　社会人の大学院教育の実態把握に関する調査研究報告書

渡辺三枝子(編著)(2007). 新版 キャリアの心理学―キャリア支援への発達的アプローチ―ナカニシヤ出版

Waterman, A. S. (1982). Identity development from adolescence to adulthood: An extension of theory and a review of research. Developmental Psychology, 18, 341-358.

Whitbourne, S. K., & Weinstock, C. S. (1979). Adult development: The differentiation of experience. New York: Holt, Rinehart & Winston.

山本寛(2010). 第8章　人的資源管理とキャリア開発　藤森立男(編著)産業・組織心理学　変革のパースペクティブ(pp. 128-143) 福村出版

矢澤美香子(2015). 30代女性におけるキャリア・バリアとレジリエンス、ストレス反応の関連性　東京電機大学総合文化研究

参考文献（適性検査）

千葉テストセンター　性格検査　http://www.chibatc.co.jp/catalogue/03/ (2015. 12. 15)

中島義明他(編)(1999). 心理学辞典　有斐閣

日本文化科学社　検査一覧　http://www.nichibun.co.jp/kobetsu/kensalist.html (2015. 12. 15)

日本MBTI協会　http://www.mbti.or.jp/what/ (2015. 12. 15)

リクルートマネジメントソリュージョンズ　アセスメント・サーベイ http://www.recruit-ms.co.jp/service/theme/theme_cate/10/ (2015. 12. 15)

サクセスベル株式会社　企業用検査一覧　http://www.saccess55.co.jp/company/company_top.html (2015. 12. 15)

氏原寛他(編)(1992). 心理臨床大事典　培風館

Super, D. E. (1980). A life-span, life space approach to career development. Journal of Vocational Behavior, 16, 282-298.

Super, D. E. (1990). A life-span, life space approach to career development. In D. Brown, L. Brooks, & Associates, Career choice and development (2nd ed., pp. 197-261). San Francisco : Jossey-Bass.

Swanson, J. L., & Woitke, M. B. (1997). Theory into practice in career assessment for women : Assessment and interventions regarding perceived career barriers. Journal of Career Assessment, 5, 443-462.

高橋浩(2013). 第9章　高橋修(編著)キャリア発達とその支援　社会人のための産業・組織心理学　産業能率大学出版部

高橋俊介(2004). スローキャリア―上昇志向が強くない人のために生き方論―PHP 研究所

高橋俊介(2005). プロフェッショナルの働き方　PHP ビジネス新書

高橋俊介(2006). キャリアショック どうすればアナタは自分でキャリアを切り開けるか？　東洋経済新報

高橋俊介(2009). 自分らしいキャリアのつくり方　PHP 研究所

高坂健次(1999). 第Ⅰ部　ポスト生涯学習社会と社会人のニーズ　第1章　ポスト生涯学習のめざすもの　村田治(編著)生涯学習時代における大学の戦略―ポスト生涯学習社会にむけて― (pp. 16-33) ナカニシヤ出版

田中理恵子・向後千春(2013). オンライン大学に入学した社会人の入学動機の分析　日本教育工学会研究報告集, 73-80.

谷冬彦・宮下一博(2004). さまよえる青少年の心―アイデンティティの病理―発達臨床心理学的考察　北大路書房

谷内篤博(2002). 企業内教育の現状と今後の展望　文京学院大学経営論集, 12, 61-76.

谷内篤博(2007). 働く意味とキャリア形成　勁草書房

田尾雅夫(1991). 組織の心理学　有斐閣ブックス

田尾雅夫(1995). ヒューマン・サービスの組織：医療・保健・福祉における経営管理 法律文化社

常盤－布施美穂(2004). 第4章　変容的学習　赤尾勝己(編)生涯学習理論を学ぶ人のために (pp. 87-114) 世界思想社

東京大学大学院教育学研究科 大学経営・政策研究センター(2010). 大学教育に関する職業人調査　第一次報告書

N.(2011). Workaholism and well-being among Japanese dual-earner couples : A spillover-crossover perspective. Social Science and Medicine. 73, 399 -409.

私立大学通信教育協会(2013). 入学者調査 http://www.uce.or.jp/about/status/ (2015. 12. 7)

私立大学通信教育協会(2015). 大学通信教育の現状(データ集) http://www.uce.or.jp/about/status/ (2015. 7. 30)

職業能力開発総合大学校能力開発研究センター(2005). 産学連携による大学・大学院等における社会人向け訓練コース設定の推進 調査研究報告書, 128.

外島裕(2000). 第3章 人事測定の方法 外島裕・田中堅一郎(編)(2000). 産業・組織心理学エッセンシャルズ (pp. 61-98) ナカニシヤ出版

総務省(2012a). 就業構造基本調査 http://www.stat.go.jp/data/shugyou/2012/pdf/kgaiyou.pdf (2015. 12. 16)

総務省(2012b). 労働力調査 http://www.stat.go.jp/data/roudou/report/2012/ (2015. 12. 13)

総務省(2013). 労働力調査 http://www.stat.go.jp/data/roudou/report/2013/index.htm (2015. 12. 13)

総務省(2014a). 平成26年版 情報通信白書 第2部 情報通信の現況・政策の動向 http://www.soumu.go.jp/johotsusintokei/whitepaper/ja/h26/html/nc253120.html (2016. 1. 17)

総務省(2014b). 労働力調査 平成26年(2014年)平均(速報)結果の概要 http://www.stat.go.jp/data/roudou/sokuhou/nen/dt/pdf/ndtindex.pdf (2015. 12. 13)

総務省(2014c). 労働力調査 長期時系列データ http://www.stat.go.jp/data/roudou/longtime/03roudou.htm (2015. 12. 13)

Super, D. E. (1957). The psychology of careers: An introduction to vocational development. New York: Harper

(スーパー, D. E. 日本職業指導学会(訳)(1960). 職業生活の心理学 誠信書房)

Super, D. E. (1963). Self-concepts in vocational development. In D. E. Super, R. Starishevsy, N. Matlin, & A. Resnikoll (Eds.), Perspectives on vocational development. Washington, D. C.: APGA

Super, D. E. (1969). 職業指導研究セミナー報告書 日本職業指導協会

学習行動（pp. 225-250）http://www.works-i.com/pdf/150325_WP2014_8.pdf（2015. 12. 5）

Salovey, P., & Mayer, J. D. (1990). Emotional intelligence. Imagination, Cognition, and Personality, 9, 185-211.

笹川孝一（2004）. 序章 「個人の時代」とキャリアデザイン，生涯学習 笹川孝一（編）生涯学習社会とキャリアデザイン（pp. 1-15）放送大学出版局

Schlossberg, N. K. (1989). Overwhelmed : Coling with Life's Ups and Downs. Lexington Books

（シュロスバーグ, N. K. 武田圭太・立野了嗣（訳）（2000）.「選職社会」転機を活かせ—自己分析手法と転機成功事例 33　日本マンパワー出版

Schaufeli, W. B., Taris T.W., & Van Rhenen W. (2008). Workaholism, burnout and engagement : three of a kind or three different kinds of employee well-being. Applyed Psychology : An International Review, 57, 173-203.

関和子・向後千春（2012）. eラーニング主体の大学を卒業した社会人の意識変容の分析 日本教育工学会研究報告集，131-138.

Shein, E. H. (1978). Career dynamics : Matching individual and organizational needs. reading, MA : Addison-Wesley.

（シャイン, E. H. 二村敏子・三善勝代（訳）（1991）. キャリア・ダイナミクス—キャリアとは，生涯と通じての人間の生き方・表現である—白桃書房）

Shein, E. H. (1990). Career anchors : Discovering your real values. San Francisco : Jossey-Bass.

（シャイン，E. H. 金井壽宏（訳）（2003）. キャリア・アンカー—自分のほんとうの価値を発見しよう—白桃書房）

島津明人（2009）. 職場のポジティブ心理学：ワーク・エンゲイジメントの視点から　産業ストレス研究，16, 131-138.

島津明人（2014）. ワーク・ライフ・バランスとメンタルヘルス 共働き夫婦に焦点を当てて　日本労働研究雑誌，653, 75-84.

島津明人（2015）. コラム 1　健康の増進と生産性の向上は両立する！ 島津明人（編著）職場のポジティブメンタルヘルス　現場で活かせる最新理論（pp. 2-11）誠信書房

Shimazu, A., Demerouti, E., Bakker, A.B., Shimada, K., & Kawakami, jp/about_danjo/whitepaper/h27/zentai/ (2015. 12. 13)

Nevil, D. D., & Super, D. E. (1986). The values scale : Theory, application, and research. Palo Alto, CA : Consulting Psychologists Press.

新村出(編)(2008). 広辞苑　第 6 版　岩波書店

野崎優樹(2015). 情動知能と情動コンピテンスの概念上の差異に関する考察　京都大学大学院教育学研究科紀要, 61, 271-283.

OECD (2012). Stat Extracts http://stats.oecd.org/ (2015.11.15)

岡田昌毅(2007). 第 1 章　ドナルド・スーパー：自己概念を中心としたキャリア発達　渡辺三枝子（編著)新版 キャリアの心理学―キャリア支援への発達的アプローチ ―(pp. 23-46) ナカニシヤ出版

岡本祐子(1997). 中年からのアイデンティティ発達の心理学　ナカニシヤ出版

岡本祐子(2002). 第 1 章　現代社会と女性　岡本祐子・松下美知子(編)新女性のためのライフサイクル心理学 (pp. 10-18)福村出版

岡本祐子・山本多喜司(1985). 定年退職期の自我同一性に関する研究　教育心理学研究, 33, 185-194.

大久保幸夫(2006). キャリア・デザイン入門［Ⅱ］専門力編　日経文庫

大沢武志(1989). 採用と人事測定―人材選抜の科学―　朝日出版社

小塩真司・中谷素之・金子一史・長峰伸治(2002). ネガティブな出来事からの立ち直りを導く心理的特性 ―精神的回復力尺度の作成―　カウンセリング研究, 35, 57–65.

Park, Y., & Fritz, C. (2015). Spousal recovery support, recovery experiences, and life satisfaction crossover among dual-earner couples. Journal of Applied of Applied Psychology. 100, 557-566.

Pratt, D. D. (1988). Andragogy as a Relational Construct. Adult Education Quarterly, 38, 160-181.

リーダーズ英和辞典 第 2 版(1999)・研究社

リクルートワークス(2010). ワーキングパーソン調査 part Ⅷ 追加調査 (pp. 231-261) http://www.works-i.com/pdf/s_000171.pdf (2015. 12. 5)

リクルートワークス(2012). ワーキングパーソン調査 Part V 転職行動実態 (pp. 113-162) http://www.works-i.com/pdf/s_000232.pdf (2015. 12. 5)

リクルートワークス(2014). ワーキングパーソン調査 Part Ⅷ 能力と

文部科学省(2015a). 大学等における社会人の実践的・専門的な学び直しプログラムに関する検討会 http://www.mext.go.jp/b_menu/shingi/chousa/koutou/065/gijiroku/__icsFiles/afieldfile/2015/04/13/1356047_3_2.pdf (2015. 12. 5)

文部科学省(2015b). 大学等における社会人の実践的・専門的な学び直しプログラムに関する検討会 http://www.mext.go.jp/b_menu/shingi/chukyo/chukyo4/gijiroku/__icsFiles/afieldfile/2015/07/10/1359837_13.pdf (2015. 12. 7)

文部科学省(2015c). 学校基本調査

文部科学省(2015d). 専門職大学院一覧 http://www.mext.go.jp/a_menu/koutou/senmonshoku/08060508.htm (2015. 11. 10)

森田慎一郎(2010). 社会人と学生のキャリア形成における専門性 武蔵野大学出版会

村田治(1999). 序論 村田治(編著)生涯学習時代における大学の戦略—ポスト生涯学習社会にむけて— (pp. 3-13) ナカニシヤ出版

無藤清子(1979).「自我同一性地位面接」の検討と大学生の自我同一性 教育心理学研究, 27, 178-187.

内閣府(2007). 仕事と生活の調和(ワーク・ライフ・バランス)憲章 http://wwwa.cao.go.jp/wlb/government/20barrier_html/20html/charter.html (2015. 12. 10)

内閣府(2012a). 男女共同参画社会に関する世論調査 http://survey.gov-online.go.jp/h24/h24-danjo/index.html (2015. 12. 15)

内閣府(2012b). 仕事と生活の調和(ワーク・ライフ・バランス)の実現に影響を与える生活環境に関する意識調査 http://wwwa.cao.go.jp/wlb/research/pdf/wlb-net-svy-no4.pdf (2015. 12. 10)

内閣府(2012c). 生涯学習に関する世論調査 http://survey.gov-online.go.jp/h24/h24-gakushu/2-1.html (2015. 12. 2)

内閣府(2013a). 家事労働等の評価について http://www.esri.cao.go.jp/jp/sna/sonota/satellite/roudou/contents/kajikatsudoutou.html (2015. 12. 10)

内閣府(2013b). ワーク・ライフ・バランスに関する意識調査 http://wwwa.cao.go.jp/wlb/research/wlb_h2511/follow-up.pdf (2015. 11. 13)

内閣府(2014). 男女共同参画白書 平成26年版 http://www.gender.go.jp/about_danjo/whitepaper/h26/zentai/index.html (2015. 11. 15)

内閣府(2015). 男女共同参画白書 平成27年版 http://www.gender.go.

宮下清(2002). 職務の専門性を担う組織内プロフェッショナル　日本労務学会誌, 4, 14-23.

文部科学省(1987). 学校基本調査

文部科学省(1992). 生涯学習審議会「今後の社会の動向に対応した生涯学習の振興方策について(答申)」の送付について　http://www.mext.go.jp/b_menu/hakusho/nc/t19920803001/t19920803001.html (2015. 12. 2)

文部科学省(1996). 我が国の文教施策 「文化発信社会」に向けて　第2部 文教施策の動向と展開　第2章 生涯学習社会の構築を目指して http://www.mext.go.jp/b_menu/hakusho/html/hpad199501/hpad199501_2_093.html#k173.1 (2015. 12. 7)

文部科学省(2002a). 学校基本調査

文部科学省(2002b). 中央教育審議会「大学等における社会人受入れの推進方策について(答申)」http://www.mext.go.jp/b_menu/shingi/chukyo/chukyo0/toushin/020201.htm (2015. 12. 7)

文部科学省(2005). 中央教育審議会「我が国の高等教育の将来像(答申)」http://www.mext.go.jp/b_menu/shingi/chukyo/chukyo0/toushin/05013101.htm (2015. 12. 7)

文部科学省(2006). これからの博物館の在り方に関する検討協力者会議(第2回)資料 国家資格の概要について http://www.mext.go.jp/b_menu/shingi/chousa/shougai/014/shiryo/07012608/003.htm (2015. 12. 7)

文部科学省(2007). 社会人の学び直しニーズ対応教育推進プログラム http://www.mext.go.jp/a_menu/koutou/kaikaku/shakaijin.htm (2015. 12. 7)

文部科学省(2010). 中央教育審議会大学分科会大学規模・大学経営部会「大学における社会人の受入れの促進について」

http://www.mext.go.jp/b_menu/shingi/chukyo/chukyo4/houkoku/1293381.htm (2015[illegible] 7)

文部科学省 (2012). 第3回雇[illegible]策研究会 大学・専門学校等における社会人の学び直しについて http://www.mhlw.go.jp/stf/shingi/2r9852000002b9xq-att/2r9852000002ba2l.pdf (2016. 1. 15)

文部科学省(2013). 学校基本調査

文部科学省(2014). 平成24年度文部科学白書　第2部 文教・科学技術施策の動向と展開 第3章　生涯学習社会の実現 (pp. 103-133).

M.D. Dunnette（Ed.）.Handbook of industrial and organizational psychology. Rand Mcnally College Publishing.

Madd, S. R., & Khoshaba, D. M.（2005）. Resilience at Work New York : Amacom Books

（マッディ, S.・コシャバ, D. 山崎康司（訳）（2006）. 仕事ストレスで伸びる人の心理学　ダイヤモンド社）

Marcia, J. E.（1964）. Determination and construct validity of ego identity status. Unpublished Doctoral Dissertation, The Ohio State University.

Marcia, J. E.（1976）. Identity six years after : A follow-up study. Journal of Youth and Adolescence, 5, 145-160.

Marcia, J. E.（1966）. Development and validation of ego-identity status. Journal of Personality and Social Psychology, 3, 551-558.

正田亘（1981）. 適性　藤永保他（編）新版心理学辞典（p.604）平凡社

Masten, A., Best, K. M., & Garmezy, N.（1990）. Resilience and development : Contributions from the study of children who overcome adversity. Development and Psychopathology, 2, 425-444.

益田勉（2011）. キャリアの探索と形成 文京大学出版事業部

Merriam, B. S. & Caffarella, S. R.（1999）. Learning in adulthood : a comprehensive guide（2nd ed.）San Francisco : Jossey Bass

（メリアム, B. S.・カファレラ, S. R.　立田慶裕・三輪建二（監訳）（2005）. 成人期の学習：理論と実践　鳳書房）

Mezirow, J.（1991）. Transformative dimensions of adult learning. San Francisco : Jossey Bass.

（メジロー, J. 金澤睦・三輪建二（監訳）（2012）. おとなの学びと変容―変容的学習とは何か―　鳳書房）

Miller-Tiedeman, A. L., Tiedeman, D. V., & Associates.（1990）. Career decision making : An individualistic perspective. In D. Brown & L. Brooks（Eds.）, Career choice and development : Applying contemporary theories to practice（2nd ed., pp. 308-337）. San Francisco : Jossey Bass.

Mitchell, K. E., Levin, Al S., & Krumboltz, J. D.（1999）. Planned happenstance : Constructing unexpected career opportunities. Journal of Counseling & Development, 77, 115-124.

宮城まり子（2002）. キャリアカウンセリング　駿河台出版社

ンター

厚生労働省(2002).「キャリア形成を支援する労働市場政策研究会」報告書 http://www.mhlw.go.jp/houdou/2002/07/h0731-3a.html (2015. 9. 8)

厚生労働省(2005). 平成16年版　働く女性の実情　II 女性の就業希望実現について http://www.mhlw.go.jp/toukei_hakusho/hakusho/josei/2004/dl/03.pdf (2015. 12. 10)

厚生労働省 (2006). 男性が育児参加できるワーク・ライフ・バランス推進協議会 http://www.mhlw.go.jp/shingi/2006/10/s1013-3.html (2015. 12. 14)

厚生労働省(2012). 平成23年版　働く女性の実情　http://www.mhlw.go.jp/bunya/koyoukintou/josei-jitsujo/11.html (2015. 12. 16)

厚生労働省(2014a). 簡易生命表の概況　http://www.mhlw.go.jp/toukei/saikin/hw/life/life14/ (2015. 12. 15)

厚生労働省(2014b). 平成26年版　子供·若者白書　第1部　子供·若者の状況　第4章　社会的自立 (pp. 39-41)

厚生労働省(2014c). 人口動態調査　http://www.mhlw.go.jp/toukei/saikin/hw/jinkou/geppo/nengai14/index.html (2015. 12. 15)

厚生労働省(2015). 平成27年版　子供・若者白書　第1部　子供・若者の状況　第4章　社会的自立 (pp. 38-40)

Krumboltz, J. D. & Levin, A. (2004). Luck is no accident : making the most of happenstance in your life and career. California : Impact Publishers.

(クランボルツ, J. D.・レヴィン, A. 花田光世・大木紀子・宮地夕紀子(訳)(2005). その幸運は偶然ではないんです！ ダイヤモンド社)

國原吉之助(2005). 古典ラテン語辞典　大学書林

黒川雅之(2007). 第6章　ナンシィ・シュロスバーグ人生上の転機(トランジション)とその対処　渡辺三枝子 (編著)新版 キャリアの心理学―キャリア支援への発達的アプローチ (pp. 125-144) ナカニシヤ出版

Levinson, D. J. (1978). The seasons of a man's life. New York : Alfred A. Knopf.

(レビンソン, D. J.　南博(訳)(1992). ライフサイクルの心理学(上)(下)　講談社)

Locke, E. A. (1976). The nature and causes of job satisfaction. In http://www.ouj.ac.jp/hp/o_itiran/2011/pdf/230128.pdf (2015. 12. 11)

兵頭郷(2012). シニアの学び行動の考察と定年後のキャリア形成―大学院の可能性― Works Review：リクルートワークス研究所研究報告 7, 114-125.

池田秀男(1992). アンドラゴジー 日本生涯教育学会(編)生涯学習事典 (pp. 26-29) 東京書籍

伊藤友紀(2010). 30代女性のキャリアバリア：継続就労、中断、退職を規定する要因 金城学院大学大学院人間生活学研究科論集, 10, 37-46.

伊藤裕子・相良順子・池田政子 (2006). 職業生活が中年期夫婦の関係満足度と主観的幸福感に及ぼす影響：妻の就業形態別にみたクロスオーバーの検討 発達心理学研究, 17, 62-72.

金井篤子(2002). ワーク・ファミリー・コンフリクトの規定因とメンタルヘルスへの影響に関する心理的プロセスの検討 産業・組織心理学研究, 15, 107-122.

金井壽宏(2002). 働くひとのためのキャリア・デザイン PHP研究所

加藤一郎(2004). 語りとしてのキャリア 白桃書房.

経済同友会(2008). 21世紀の新しい働き方「ワーク&ライフ インテグレーション」を目指して 労働と経済, 1467, 89-95.

木村進(2012). 自分で切り開くキャリア・デザイン 中央経済社

木村周(2010). キャリア・コンサルティング 理論と実際 社団法人雇用問題研究会

桐井久美子(2013). キャリアにおける主体的な仕事の取り組み―キャリア・パースペクティブと職業的アイデンティティに焦点をあてて 近畿大学紀要商経学叢, 59, 13-26.

Knowles, M. S. (1980). The modern practice of adult education : From pedagogy to andragogy. New Jersey : Cambridge Adult Education

(ノールズ, M. S. 堀薫夫・三輪建二(監訳)(2008). 成人教育の現代的実践―ペタゴジーからアンドラゴジーへ 鳳書房)

児玉真樹子(2015). キャリアレジリエンスの構成概念の検討と測定尺度の開発 心理学研究, 86, 150–159.

小泉智恵(1997). 仕事と家庭の多重役割が心理的側面に及ぼす影響：展望 母子研究, 18, 42-59.

小室淑恵(2007). ワークライフバランス 日本能率協会マネジメントセ

発達と生涯学習—豊かな生涯学習社会をめざして— (pp. 54-62) 放医大学教育振興会

Goldman, D. (1996). Emotional intelligence : Why it can matter more than IQ. New York : Bloomsbury Publishing Plc.

(ゴールマン, D. 土屋京子(訳)(1998). EQ こころの知能指数 講談社)

Greenhaus, J. H., & Beutell, N. J. (1985). Sources and conflict between work and family roles. Academy of Management Review, 10, 76-88.

Grzeda, M. M., & Prince, J. B. (1997). Career motivation measures : A test of convergent and discriminant validity. International Journal of Human Resource Management, 8, 172-196.

Hall, D. T. (1976). Carrers in organizations. Glenview, IL : Scot, Foresman.

Hansen, S. L. (1997). Integrative live planning critical tasks for career development and changing life patterns San Francisco : Jossey-Bass.

(ハンセン, S. L. 平木典子・今野能志・平和俊・横山哲夫(監訳)(2013). キャリア開発と統合的ライフ・プランニング—不確実な今を生きる6つの重要課題　福村出版)

橋本千春(2012). 何が女性を幸せにするのか？—当研究所「女性の幸せに関する意識調査」より—　生活福祉研究, 80, 1-20.

畑野快(2010). アイデンティティ形成プロセスについての一考察　—自己決定を指標として—　発達人間学論叢, 13, 31-38.

平野光哉 (1999). キャリア・ドメイン　—ミドルキャリアの分化と統合—　千倉書房

Holland, J. L. (1985). Making vocational choices. Englewood Cliffs, NJ : Prentice-Hall.

Holland, J. L. (1997). Making vocational choices. (3th ed.) Englewood Cliffs, NJ : Prentice-Hall.

(ホランド, J. L. 渡辺三枝子・松本純平・道谷里英(訳)(2013). ホランドの職業選択理論—パーソナリティと働く環境— 雇用問題研究会)

Houle, C. O. (1961). The inquiring mind. Madison, WI : University of Wisconsin Press.

放送大学学務部学習センター支援室(2010). 放送大学を卒業・修了された同窓会会員の皆様へのアンケート集計結果報告書

江頭説子(2009). キャリアについて主体的に考える―職業キャリアからライフキャリアへ　矢澤澄子・岡村清子(編)女性とライフキャリア(pp. 40-74) 笹吹書房

遠藤克弥 (1999). 第2章　学習者としての成人　遠藤克弥(編著)最新アメリカの生涯学習：その現状と取組み (pp. 17-33) 川島出版

エンジャパン(2012). ミドルの転職第84回アンケート「転職について」 http://mid-tenshoku.com/enquete/report-84/ (2015. 10. 14)

Ericson, E. H. (1950). Childhood and society. New York : W. W. Norton.

(エリクソン, E. H. 仁科弥生(訳)(1977, 1980). 幼児期と社会1・2 みすず書房)

Ericson, E. H. (1982). The life cycle completed : A review. W. W. New York : Norton & Company Inc.

(エリクソン, E. H. 村瀬孝雄・近藤邦夫(訳)(1989). ライフサイクル、その完結　みすず書房)

藤岡英雄(2008). 学習関心と行動　成人の学習に関する実証的研究　学文社

藤原美智子(2007). 第4章　ハリィ・ジェラット：キャリア発達における意思決定　渡辺三枝子 (編著)新版 キャリアの心理学―キャリア支援への発達的アプローチ― (pp. 91-105)ナカニシヤ出版

藤原美智子(2007). 第5章　エドガー・シャイン：組織内キャリア発達　渡辺三枝子 (編著)新版 キャリアの心理学―キャリア支援への発達的アプローチ (pp. 107-124) ナカニシヤ出版

古野庸一・藤江嘉彦・小野晶子(1999). キャリアデザイン支援に向けた『キャリアモデル』の研究　Works, 35, 2-41.

Gelatt, H. B. (1962). Decision making : A conceptual frame of reference for counseling. Journal of Counseling Psychology, 9, 240-245.

Gelatt, H. B. (1989). Positive uncertainty : A new decision-making framework for counseling. Journal of Counseling Psychology, 36, 252-256.

Grzeda, M. M., & Prince, J. B. (1997). Career motivation measures : A test of convergent and discriminant validity. International Journal of Human Resource Management, 8, 172-196.

堀薫夫(1999). 5. 成人期における知的能力の変化　麻生誠(編著)生涯

引用文献

青木久美子(2012). eラーニングの理論と実践　放送大学教育振興会

青島祐子(2009). 第1章　キャリア理論の現在―キャリア概念の理解を中心に―矢澤澄子・岡村清子(編)女性とライフキャリア(pp. 3-39)笹吹書房

Arthur, M. B. (1994). The boundaryless career : A new perspective for organizational inquiry. Journal of Organizational Behavior, 15, 295-306.

浅川希洋志・ミハイ・チクセントミハイ(2009). 効果的 e-Learning のためのフロー理論の応用 JeLA 会誌, 9, 4-9.

Aslanian, C. B., & Brickell, H. M. (1980). Americans in Transition : Life changes as reasons for adult learning. New York : College Entrance Examination Board.

麻生誠(1993). 生涯発達と生涯学習―豊かな生涯学習社会をめざして―教育大学教育振興会

馬場昌雄・馬場房子(監修)(2005). 産業・組織心理学　白桃書房

Bridges, W. (1980). Transitions : Making sense of life's changes. Reading, MA : Addison-Wesley

(ブリッジズ, W. 倉光修・小林哲郎(訳)(1994). トランジション, 創元社)

Cattell, R. B. (1971). Abilities : Their structure, growth, and action. Chicago; Houghton Mifflin Harcourt.

Crouter, A. C . (1984). Spillover from family to work : The neglected side of the work family interface. Human Relations, 37, 425-441.

Csikszentmihalyi, M. (1990). Flow : The psychology of optimal experience. New York : Harper & Row

(チクセントミハイ, M. 今村浩明 (訳)(1996). フロー体験 喜びの現象学　世界思想社)

Csikszentmihalyi, M. (1997). Finding flow. New York : Basic Books

(チクセントミハイ, M. 大森弘監(訳)(2010). フロー体験入門 楽しみと想像の心理学　世界思想社

電通総研ダイバーシティラボ(2015). LGBT 調査 2015 http://www.dentsu.co.jp/news/release/pdf-cms/2015041-0423.pdf (2015. 1. 19)

■著者略歴

矢澤　美香子

早稲田大学大学院人間科学研究科博士後期課程単位取得退学。博士（人間科学）。

早稲田大学ｅスクール教育コーチ、淑徳大学通信教育部兼任講師を経て、現在、武蔵野大学通信教育部人間科学部准教授。10年間、社会人学生の大学通信教育に携わる。また、臨床心理士、産業カウンセラーとして、心療内科・精神科クリニックでのカウンセリング、企業での心理相談や研修業務に従事。社会人におけるメンタルヘルス、キャリアの多様な問題に対応している。

社会人のための
キャリア・デザイン入門

2016年2月29日　発行
2017年8月31日　2刷

著　者　矢澤　美香子
発行者　立石　正信

発行所　株式会社　金剛出版
〒112-0005　東京都文京区水道1-5-16
電話 03-3815-6661　振替 00120-6-34848

印　刷　音羽印刷株式会社
装　丁　臼井　新太郎
装　画　照屋　美優
本文組版　鶴川　雅晴

ISBN978-4-7724-1477-7　C3011